Eres lo suficientemente fuerte

Una búsqueda para descubrir quién eres realmente

por

Kassi L. Pontious

ENLIGHTEN ME PUBLISHING
Highland, Utah

ERES LO SUFICIENTEMENTE FUERTE

Derechos de autor © 2013 por Kassi L. Pontious
www.kassipontious.com

ENLIGHTEN ME PUBLISHING
5406 W 11000 N Suite 103-410
Highland, UT 84003

Debido a la naturaleza dinámica de Internet, las direcciones web o enlaces contenidos en este libro pueden haber cambiado desde su publicación y puede que ya no sean válidos. Las opiniones expresadas en este trabajo son de la exclusiva responsabilidad del autor y no reflejan necesariamente las opiniones del editor y el editor la presente renuncia a cualquier responsabilidad por ellos.

El autor de este libro no dispensa consejos médicos ni prescribe el uso de ninguna técnica como para el tratamiento de problemas físicos, emocionales o médicos sin el consejo de un médico, ya sea directa o indirectamente. La intención del autor es sólo para ofrecer información de carácter general para ayudarle en su búsqueda de su bienestar emocional y espiritual. En el caso de utilizar la información de este libro para usted mismo, que es su derecho constitucional, el autor y el editor no asumen ninguna responsabilidad por sus acciones.

Las citas bíblicas utilizadas en esta publicación son de la versión autorizada de King James (AKJV) © 1979 y de Pearl of Great Price; ambos se encuentran en el dominio público.

Diseño del libro de Expert Subjects, LLC
Diseño interior de Steven James Catizone
Editado por Gail Lennon
Traducido por Eva Sedo Boixadera

Número de control de la biblioteca del congreso: 2013953777

Versión en español del libro: Eres lo suficientemente fuerte
ISBN-10: 0989542726
ISBN-13: 978-0-9895427-2-2

Impreso en los Estados Unidos de América

Primera Edición: Noviembre 2013
10 9 8 7 6 5 4 3 2 1

Contenidos

Agradecimientos

Quiero darle las gracias a mi esposo Dave por todo su apoyo y sus ánimos en este trabajo.

Quiero darle las gracias a mi Padre Celestial por la inspiración y los conocimientos para desarrollar este trabajo con el fin de ayudar a la juventud a encontrar las verdades del porqué se encuentran aquí en la Tierra.

También quiero dar las gracias a los que me ayudaron en la realización de este trabajo, es decir, mis editores, el diseñador Steven James Catizone, a los amigos y a la familia.

Prefacio
El día que yo me sentí lo suficientemente fuerte

odos estamos en una búsqueda, o misión, aquí en la Tierra para descubrir lo que somos y de lo que estamos hechos. Como resultado, nos encontraremos con muchas dificultades durante nuestra vida. Algunas dificultades nos parecerán pequeñas colinas, mientras que otras pueden parecer enormes montañas. Me gustaría compartir contigo una de las montañas más difíciles que tuve que subir para alejarme de una situación insana y peligrosa.

Como la undécima de doce hijos, nunca me sentí parte de una familia. Mis padres se divorciaron cuando yo tenía cuatro años. Mi padre se quedó en California y mi madre se llevó los ocho hermanos menores a Utah, donde vivían sus padres. Mi mamá se sentía tan fuera de control debido al divorcio que había peleas constantes por culpa de la limpieza, de nuestro orden personal y por vengarse de mi papá usándonos a nosotros como peones.

Después del divorcio, mi madre nos empujó a cada uno de sus hijos al deporte para ayudar a mantenernos fuera de problemas. Yo personalmente empecé a jugar al tenis en Provo, Utah, a los diez años. Me volví muy buena muy rápido por lo que mi mamá me trasladó a California para entrenar con los mejores entrenadores.

En California viví con tres familias diferentes (sin conocer a ninguna de ellas) y fui a dos escuelas distintas. Después de un año de entrenamiento, mi mamá se mudó para estar conmigo. El tenis pasó de ser una actividad que disfrutaba, a ser un infierno porque mi mamá me exigía la perfección. Me gritaba constantemente y, a veces, me golpeaba si perdía un partido. Como resultado de la presión de mi madre y de sus abusos, sentí que no tenía otra opción que dejar este mundo. Afortunadamente, a través de la intervención divina, mi mente cambió. Un par de meses más tarde, todavía sentía que tenía que hacer algo para salvarme de este infierno. Así que a los catorce años de edad, me escapé de casa.

Después de un año de que mi madre se mudara a California para verme entrenar con el fin de convertirme en una jugadora de tenis profesional, pronto nos mudamos de regreso a casa, a Utah. Decidí que estaba harta de jugar al tenis por todo el dolor que tuve que pasar debido a los abusos de mi madre. Durante esos tres meses de verano, mi madre hizo todo lo que pudo para que jugara tenis de nuevo, incluso visitó un líder de mi iglesia.

Este líder era un atleta de clase mundial. Por lo tanto, mi madre pensó que podía ayudar a cambiar mi manera de pensar y así, continuaría jugando al tenis. Su plan fracasó. Me preguntó qué quería hacer con mi vida y yo le dije que quería vivir con mi papá. Tan pronto como le dije a mi mamá que quería vivir con mi papá, las peleas comenzaron de nuevo.

Una mañana, mientras estaba desayunando, mi madre empezó de nuevo. Ella me echó en cara, una vez más, todo lo que había hecho por mí y lo ingrata que yo estaba siendo. Me gritó durante aproximadamente una hora. Yo sólo me quedé sentada y escuché, ya que yo era una persona afable, apacible y ni me gustaba pelear, ni polemizar.

Después de una hora escuchando cómo me decía lo ingrata que era como hija, por no jugar al tenis, traté de irme, pero mi madre me cerró el paso. Finalmente, le dije: "Disculpa. Estoy intentando salir".

Mi madre respondió: "¡No voy a permitir que te vayas! No he terminado de hablar contigo. "

Le dije: "Bueno, necesito irme porque todo lo que haces es gritarme y necesito un descanso."

Ella respondió: "No voy a permitir que te vayas."

Así que apenas le empujé la cadera para poder pasar por su lado. Fue entonces cuando mi madre me agarró del pelo y me tiró al suelo. Después de intentar sacármela de encima durante diez minutos e intentar que dejara de tirarme del pelo, finalmente la empujé y lo logré.

Por un momento, todo estuvo tranquilo, hasta que mi madre se puso de pie y comenzó a gritarme de nuevo. Mientras observaba cómo me gritaba, vi en sus ojos que nada cambiaría. Supe, en ese momento, que ella estaba fuera de control y que las cosas sólo iban a empeorar. Sentí, en mi interior, que si me quedaba, algo malo iba a suceder. Por lo tanto, me fui y empecé a caminar por nuestra calle.

Un millón de pensamientos pasaron por mi mente acerca de lo que acababa de suceder. Al darme cuenta del trauma emocional que acababa de pasar, mis manos empezaron a temblar. Entonces, de reojo, vi que el coche de mi madre se acercaba a mi lado. Ella bajó la ventanilla y dijo: "¿Por qué no te metes en el coche, vamos a buscar algo de comer y hablamos?" Mi madre sabía que me encantaba ir a comer fuera y que sería una gran tentación para mí. Por un momento pensé en ello, pero algo dentro de mí, más poderoso de lo que jamás había sentido, dijo en voz alta, "¡CORRE!"

Corrí tan rápido como pude. Mientras corría, una voz dentro de mí me dijo otra vez, "Acércate a la iglesia." Cuando llegué al edificio de la iglesia, empecé a revisar todas las puertas para ver si alguna de ellas se abría. No hubo suerte. Mi corazón latía con fuerza y yo estaba muy asustada. Tenía miedo de que mi madre me cogiera antes de que pudiera entrar. Mientras revisaba todas las puertas una vez más, mi madre conducía por la esquina del edificio y me miró directamente. Entonces, poco a poco, siguió conduciendo como si no me hubiera visto en absoluto. Mientras estaba allí de pie, asombrada, alguien abrió la puerta de la iglesia y pude entrar.

Una vez dentro, me encontré con un montón de niños jugando al baloncesto en el gimnasio, luego me di cuenta de que había un teléfono en la pared y en lo primero que pude pensar fue en llamar a mi hermana.

Cuando la llamé, ella respondió, y sonaba sorprendida de que la estuviera llamando al trabajo. Había sido despedida tres días antes y estaba allí recogiendo sus cosas. Mientras le explicaba a mi hermana lo que estaba ocurriendo, oí golpes en la puerta. Vi a mi madre comprobando todas las puertas tratando de entrar. Para mi alivio, nadie la escuchó, por lo que se fue. Mi hermana me dio instrucciones de reunirme con ella en su oficina, a cuatro millas de distancia. Mientras estaba escondida en su oficina, tanto mi hermano como un oficial de policía llegaron a preguntar sobre mi paradero. Mi hermana les dijo a ambos que no sabía dónde estaba, pero yo estaba escondida en el baño de atrás, por lo que ambos se fueron.

Nos fuimos a casa de mi hermana poco después. Mientras mi hermana se estaba preparando para la noche, otra persona llegó a la puerta principal, pero no respondí. Un par de minutos más tarde, alguien llamó a la puerta trasera corredera, tampoco respondí, por lo que la puerta comenzó a abrirse. Para mi alivio, se detuvo debido a un palo que estaba en la guía. Después de este tercer intento de alguien tratando de encontrarme, me quebré y lloré.

Durante la cena de esa noche, expresé mis sentimientos de miedo y decepción que mi madre provocaba en mí. Le conté a mi hermana todo lo que había sucedido, incluyendo los milagros que me habían mantenido a salvo. Le hablé de la voz interior que me dijo que corriera al edificio, el milagro que hizo que mi mamá no me viera cuando conducía junto a mí, la apertura de la puerta para mí y no para ella, que mi hermana estuviera en su oficina cuando ya había sido despedida, el hecho de que me hubiera memorizado su número tres días antes, que el policía no registrara el edificio para buscarme o cómo la puerta corredera de cristal se detuvo cuando alguien que vino a buscarme la estaba abriendo.

Mi hermana escuchó con atención y comentó: "Kassi, ¿te das cuenta de cuántos milagros te han sucedido para que pudieras escaparte la mamá? ¿Puedes ver que eso es una respuesta de Dios? Es hora de dejar a mamá. Será más seguro para ti estar con papá." Después de que ella lo puso en perspectiva, me sentí en paz y de acuerdo con ella.

Mi hermana contactó con mi padre y lo arregló todo para que pudiera volar a California. Yo estaba muy emocionada y asustada al mismo tiempo. Sabía que mi mamá tenía fotos de mí en el aeropuerto. Mi hermana se dio cuenta de lo asustada que estaba de ir a la cárcel si me cogían, así que ideó un plan.

Ella diseñó un disfraz para mí que me hizo ver mucho más mayor y completamente diferente. Mi disfraz incluía: maquillaje completo, tacones altos, sujetador relleno y un vestido ajustado. Mientras llegábamos al aeropuerto, mi hermana me dijo que puso mi nombre en el billete como "Morgan Bond", como James Bond.

Cuando llegué al control de seguridad, me di cuenta de que los agentes de seguridad me miraban raro. Me sentí muy aliviada cuando me dejaron pasar. Una vez en el aire, un sentimiento de completa paz y de emoción llenó mi alma. Finalmente me había liberado de los abusos que había sufrido durante tres años. Comenzaba a vivir mi vida, no la de mi madre. Supe, a raíz de esa experiencia, que yo era lo suficientemente fuerte, que Dios hace milagros cuando los necesitamos, y que nunca estamos solos en la Tierra.

Comparto esta experiencia para que el lector se haga una idea de las luchas que todos tenemos que pasar, aunque sean de diferente naturaleza, y de que somos lo suficientemente fuertes como para superarlas. Este libro no trata de deshonrar a tus padres. Respeto a mi madre lo suficiente como para pedirle permiso para compartir mis historias en este libro y me dijo: "Sí." Ella y yo sabemos que era un mal momento para las dos. Ningún padre intenta deliberadamente destruir las vidas de sus hijos. Ellos son humanos y están tratando de sobrevivir, ellos mismos, en este mundo disfuncional. Este libro trata de saber por qué estás aquí y creer que eres lo suficientemente fuerte para superar cualquier cosa que te pase en tu vida.

Todos hemos sido enviados a la Tierra para vencer y superar todos los obstáculos que se interponen en nuestro camino. Cada uno de nosotros es lo suficientemente fuerte como para superar todo lo que pasamos. Con la ayuda de Dios, todo es posible-incluso ser feliz aquí en la Tierra, a pesar de nuestras pruebas y desafíos.

¡Si yo soy lo suficientemente fuerte, tú también!

Introducción

ay un propósito y un plan para todo el mundo y tú eres lo suficientemente fuerte para el tuyo. En este libro, *Eres lo suficientemente fuerte*, descubrirás lo que realmente eres y también que esta vida terrenal es una prueba.

Una prueba para demostrarle a nuestro Padre Celestial que somos lo suficientemente fuertes como para superar cualquier cosa que se encuentre en nuestro camino y lo suficientemente dignos de recibir nuestra recompensa.

Eres lo suficientemente fuerte te llevará en una búsqueda para descubrir de dónde vienes, por qué estás aquí, y lo cuál es tu objetivo final. Aprenderás a vencer al dragón que está tratando de destruir tu vida mediante el uso de los dones y talentos que te dieron. Aprenderás cómo cortar las cuerdas de la disfunción que están tratando de controlar su vida.

Eres lo suficientemente fuerte te mostrará las herramientas que están a tu disposición para superar cualquier prueba o desafío al que te enfrentes. *Eres lo suficientemente fuerte* también te traerá perspectiva sobre quién hizo el mundo disfuncional, por qué tenemos problemas de autoestima, cómo la ira nos nubla nuestros pensamientos y cómo los malos hábitos frustran nuestro destino divino.

Al final de cada capítulo, saldrás en una misión para descubrir lo que realmente eres y por qué estás aquí. Cada nuevo descubrimiento te acercará más a la vida para la que naciste y a la paz que puedes estar buscando. Descubrirás que eres lo suficientemente fuerte como para derrotar al dragón y lograr tu misión final.

¡Que empiece la búsqueda!

Empieza la búsqueda

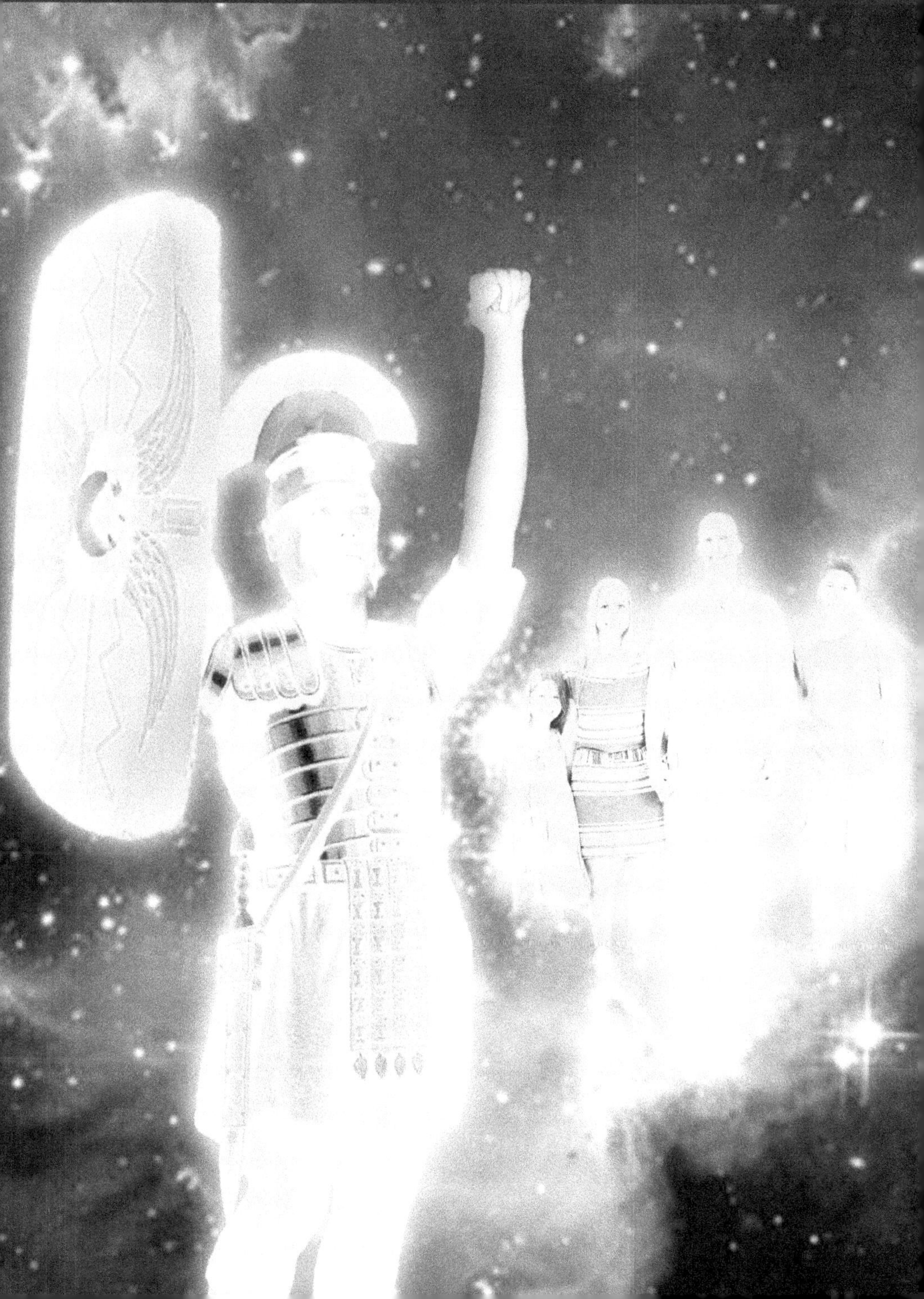

CAPÍTULO I

Empieza la búsqueda

Descubre de dónde vienes

ace mucho tiempo, en una tierra lejana donde reinaba la libertad, abundaba el amor y la alegría impregnaba el aire, vivía un rey y una reina.

Dichos rey y reina tenían muchos hijos-miles, de hecho. Cada uno de ellos tenía una naturaleza divina y un valor individual. El rey y la reina amaban mucho a cada uno de sus hijos.

Todos sus hijos crecieron hasta alcanzar su pleno desarrollo y completo entendimiento de su ascendencia real. Cada hijo e hija sabía que tenía el potencial de convertirse, ellos mismos, en rey o reina. Pero dichos hijos tenían limitaciones para descubrir su verdadero potencial mientras vivieran en casa con su madre y su padre, el rey y la reina de la tierra.

Cada uno de ellos tuvo que emprender una búsqueda. Una búsqueda del conocimiento, una búsqueda del entendimiento, una búsqueda del crecimiento, una búsqueda para descubrir a través de pruebas y desafíos, para descubrir su verdadera identidad y qué reino podrían obtener.

Dicha búsqueda empezó con una elección: estar obligados a seguir el plan del rey incondicionalmente u optar por el libre albedrío, para elegir si querían seguir el plan del rey o no.

🛡 *La vida pre-terrenal*

El lugar lejano se llamaba la preexistencia. El rey y la reina a los que me refiero son nuestro Padre Celestial, o Dios, y nuestra Madre Celestial. Los hijos nacidos de este rey y esta reina son todos los que estamos aquí en la Tierra. Cada uno de nosotros es, literalmente, un hijo o una hija de Dios. Tenemos el potencial de ser y tener todo lo que nuestros padres tienen como rey y reina.

Dado que cada uno de nosotros es un hijo o una hija de Dios, cada uno de nosotros somos de ascendencia real. Así que tenemos el potencial de un día, ser un rey o una reina en nuestra propia tierra. En Romanos 8:17 la Biblia nos dice: "Y si somos hijos, somos también herederos; herederos de Dios y coherederos con Cristo" También en Ps. 82:6 afirma: " Yo dije: Vosotros sois dioses, y todos sois hijos del Altísimo."

Antes de venir a esta vida terrenal, cada uno de nosotros vivimos con nuestro Padre y Madre Celestiales, en un lugar llamado preexistencia. Allí, cada uno de nosotros tenía un cuerpo espiritual. Éramos, literalmente, los hijos espirituales de los padres Celestiales, cada uno, un individuo con una naturaleza y un destino divinos. En Números 16:22, la Biblia nos dice que "... Dios es el Dios de los espíritus de toda carne" y por lo tanto nuestro Primer Padre.

Cada uno de nosotros hemos crecimos, aprendimos y amamos estar con nuestro Padre Celestial, pero nuestra alegría era limitada. Para llegar a ser como nuestro Padre Celestial, debemos tener un cuerpo físico como Él y ser probados para ver si somos dignos de tener todo lo que Él tenía. Nuestro Padre Celestial nos dice en Mateo 5:48, "Por tanto, sean ustedes perfectos como su Padre celestial es perfecto... ". En este pasaje Él nos está diciendo que tengamos éxito como Él lo ha tenido. Tal éxito comienza con la conquista de nuestra misión terrenal.

Por eso, nuestro Padre Celestial ideó un plan, o una misión, que cada uno de nosotros debía llevar a cabo con el fin de demostrarle a nuestro Padre Celestial que a través del conocimiento, la experiencia, la integridad, el carácter y el amor éramos dignos de obtener nuestro propio trono. Dicha misión, o plan, se llama plan de salvación. En Moisés 1:39, Dios nos anuncia este plan a través de Su declaración: "Porque he aquí, ésta es mi obra y mi gloria- llevar a cabo la inmortalidad y la vida eterna del hombre". Como se ha dicho, este plan de Dios tiene dos propósitos. Uno de ellos es recibir un cuerpo físico (la inmortalidad) y luego ser resucitado, y la segunda es el uso del libre albedrío para obtener la vida eterna.

Esta misión tendría lugar fuera del castillo, en lo alto de las nubes, en un lugar llamado Tierra. En la Tierra recibiríamos un cuerpo físico y se nos probaría para ver si libremente elegiríamos el bien sobre el mal. Cuando nos enteramos, por primera vez, sobre este plan, o la misión, íbamos a lograr todo lo que nuestro Padre Celestial había logrado como rey; estábamos muy emocionados por ir. Como se expone en Job 38:7, "… y todos los hijos de Dios gritaban de gozo".

Cada uno de nosotros sabía que sólo podíamos aprender hasta cierto límite en nuestros cuerpos espirituales. La verdadera prueba llegó con el libre albedrío y los cuerpos físicos. Aunque estábamos emocionados por emprender esta nueva búsqueda llena de aventuras y aprendizajes, también sabíamos que esta misión tenía un riesgo. El riesgo de que la oscuridad nublara la visión de nuestro destino divino y, como resultado de dicha oscuridad, nos haría incapaces de vivir con nuestro Padre Celestial una vez más.

Debido a los peligros de la misión, sabíamos que alguien tenía que ir delante de nosotros para mostrarnos cómo llevarla a cabo, cómo superar el mal y proporcionarnos una manera para regresar a casa con nuestro Padre Celestial si la oscuridad nos hiciera perder nuestro camino.

Después de analizar la búsqueda que cada uno de nosotros tendría que emprender para obtener un trono como príncipe o princesa, nuestro Padre Celestial escuchó las ideas de sus hijos mayores, Jesucristo y Lucifer, sobre esta tarea.

Lucifer habló primero. Él dijo: "Envíame a mí. Sé que ellos tienen de recibir un cuerpo físico con el fin de lograr lo que tú tienes, Padre. Pero, no les des su libre albedrío. Ellos simplemente meterán la pata. Yo voy a forzarlos, a hacer lo que es correcto en sus misiones individuales. Si yo les obligo a hacer lo que es correcto y a ejecutar la misión perfectamente, tú no perderás ni un solo hijo. Yo haré todo esto con una condición: quiero todo tu poder y tu gloria". Puedes encontrar esta declaración en Moisés 4:01, "He aquí, heme aquí, envíame a mí, seré tu hijo y redimiré a todo el género humano, de modo que no se perderá ni una sola alma, y de seguro lo haré, dame, pues, tu honra".

Después que hablara Lucifer, habló Jesucristo. Él dijo: "Envíame, Padre. Cuando tus hijos hayan recibido sus cuerpos físicos, van a necesitar a alguien que les guíe y les dirija a través de la carrera de obstáculos de sus búsquedas individuales. Dales su libre albedrío, porque hay poder en la elección personal. Aunque puedan cometer errores y salirse del camino durante sus misiones, yo moriré por ellos y seré el sacrificio para sus pecados y errores para que cuando caigan todavía puedan regresar a ti y ser príncipe y princesa de la tierra. Bajaré a la Tierra y viviré entre ellos. Aprenderé mientras ellos aprenden y sufriré y sentiré los dolores que ellos sientan. Iré el primero, y llevaré a cabo la carrera de obstáculos por la que ellos también tendrán que pasar luego. Me escupirán, me insultaran e incluso me clavarán a la Cruz por ellos."

Jesús añadió, "Pasaré por cada una de las experiencias imaginables que todos mis hermanos y hermanas podrían llegar a atravesar, porque les amo y son mi familia".

La Biblia nos cuenta Su sacrificio en Isa 53:5, "Pero Él fue herido (traspasado) por nuestras transgresiones, molido por nuestras iniquidades. El castigo, por nuestra paz, cayó sobre Él; y por Sus heridas hemos sido sanados."

Jesús continua, "Pasaré sus dolores y sus sufrimientos por ellos, no solo para que ellos puedan regresar con su Padre y salir victoriosos de sus misiones, sino también para que sepan que yo entiendo lo que están pasaron su pasado y están pasando en su presente."

"Padre, mientras ellos se arrepientan y se levanten cuando se hayan caído o se hayan perdido en la oscuridad debido a sus errores y pecados, ellos serán perdonados. También curaré y traeré paz y confort a sus almas que se hayan dañado inocentemente. Y, Padre, toda la gloria será Tuya."

Sobre esto se hace referencia en Moisés 4:02, "Pero, he aquí, mi Hijo Amado, que fue mi Amado y mi Escogido desde el principio, me dijo:-Padre, hágase tu voluntad, y sea tuya la gloria para siempre."

Después de haber escuchado a ambos hijos y sus propuestas, nuestro Padre Celestial, el rey, escogió el segundo hijo, Jesucristo, quien se ofreció para bajar a la Tierra en Su propia misión para sufrir por los pecados y los errores del mundo (debidos al libre albedrío) y morir para que todos puedan ser resucitados y vivir de nuevo.

Nuestro Padre Celestial escogió la oferta de Jesucristo porque Él sabía que cada uno de Sus hijos tenía que superar pruebas y desafíos por sí mismos. Esa era la mejor manera de aprender cómo ser un príncipe o una princesa dignos de un trono. Dios sabía que Él nunca podría saber quien Le quería o quien quería ser un verdadero heredero del trono si ellos eran forzados a hacer lo que es correcto. Él sabía que si alguien era forzado a hacer lo que es correcto, nunca construiría su propio carácter, ni aprendería ni crecería, ni saldría victorioso en su propia búsqueda y por lo tanto, no se podría probar a si mismo que sería un buen rey o reina.

Después de escuchar la decisión del Rey, Lucifer enfureció. Él convenció a un tercio de los hijos de nuestro Padre Celestial para que se revelaran en contra de la elección de nuestro Padre Celestial. Esta rebelión y esta disputa causaron una guerra en el Cielo (no una guerra con sangre, sino una guerra por el libre albedrío). Dicha guerra está referenciada en Apocalipsis 12:7, "Y hubo una guerra en el Cielo: Miguel y sus ángeles lucharon contra el dragón [*Lucifer*]; y el dragón y sus ángeles lucharon,"

Esta guerra implicó a todos los hijos de nuestro Padre Celestial. Cada hijo tuvo que elegir entre el libre albedrío y el plan de Dios, o bien ser forzados a hacer lo que es correcto, el plan de Satanás. Todos los que escogieron el libre albedrío y el plan de Dios fueron conocidos como los guerreros de la luz. Como resultado, después de su victoria, serían nombrados caballeros, con un cuerpo, por su valentía y se les daría la oportunidad de formar parte de una misión individual.

Cuando el Señor resultó victorioso, Lucifer y sus seguidores fueron expulsados y Lucifer se convirtió en Satanás. Satanás es el padre de todas las mentiras, el autor de los engaños y el dragón de la oscuridad. Él es nuestro enemigo, a quién debemos vencer y conquistar, para resultar victoriosos en nuestra misión.

La Biblia dice, en Apocalipsis 12:09, "Y el gran dragón fue arrojado, la serpiente antigua, que se llama Diablo y Satanás, el cual engaña al mundo entero; fue arrojado a la tierra, y sus ángeles fueron arrojados con él".

Todos esos guerreros de la noche (todos nosotros) que escogimos la oferta de Jesucristo y el plan de nuestro Padre Celestial fuimos enviados a la Tierra para iniciar nuestra búsqueda con un cuerpo físico, para que pudiéramos ser probados y demostrar que éramos dignos de ser herederos en el Reino de Dios.

Todos los que siguieron el plan de Satán también vinieron a la Tierra. Pero no recibieron un cuerpo físico. En lugar de ello, ellos perdurarán eternamente como espíritus. Dado que estos espíritus nunca recibirán un cuerpo, están enojados y son miserables. Ellos harán todo lo que puedan para que todos los que pasamos nuestra primera prueba (o el primer estado) seamos tan miserables como ellos. En Judas 1:6, " Y a los ángeles que no conservaron su señorío original, sino que abandonaron su morada legítima, los ha guardado en prisiones eternas, bajo tinieblas para el juicio del gran día." Expone que los que siguieron a Satanás y no pasaron su primer estado se quedarán en la oscuridad para la eternidad.

Esta misión no será fácil, no solo porque no lo hemos hecho antes o porque los obstáculos vayan a ser duros, sino porque debemos vencer al dragón, Satanás. Él hará todo lo posible por boicotear nuestros esfuerzos, empujarnos hacia adentro de los bosques oscuros y llenar nuestras mentes con ira, odio y venganza. Él quiere que perdamos nuestra oportunidad para vivir con nuestro Rey Celestial, nuestro Padre y el Dios de la Tierra. Como se indica en Moisés 4:04, tenga cuidado porque Satanás será feroz cuando trate de tumbarnos, "y llegó a ser Satanás, sí, el diablo, el padre de todas las mentiras, para engañar y cegar a los hombres y llevarlos cautivos según la voluntad de él, sí, a cuantos no quieran escuchar mi voz."

Familia

Después de que nuestro Padre Celestial escogiera a Jesucristo como el Salvador del mundo y el líder del camino que debemos andar, Él nos llevó a cada uno de nosotros aparte y nos dio lo que era necesario para terminar nuestras misiones individuales. Él sabía que después de haber ganado la guerra en el Cielo y haber perdido una tercera parte de Sus hijos por los engaños de Lucifer, Lucifer no nos dejaría usar nuestro libre albedrío para escoger el bien por encima del mal. Él lo usaría en contra nuestra a través de la tentación.

De esta manera, nuestro Padre Celestial se aseguró de hacernos, a cada uno de nosotros, suficientemente fuertes para superar cualquier cosa a la que tuviéramos que hace frente en la vida Terrenal, debido a nuestros propios errores o a las malvadas intenciones de Satán. Nuestro Padre Celestial nos dijo que Él nos proveería con todo lo que necesitáramos para regresar con Él y convertirnos en el príncipe y la princesa que Él quiere que seamos. Su primera sugerencia fue que eligiéramos entre nuestros amigos, cuáles queríamos que formaran parte de nuestra familia Terrenal. Estos amigos Terrenales serían nuestra fuerza más grande en la Tierra. Él sabía que estos amigos Celestiales tendrían más influencia en nuestra vida que cualquier otro humano. Ellos sacarían lo mejor de nosotros, y nos pondrían a prueba. Dios explicó además, si son fieles a su curso, serán nuestros mejores compañeros en nuestra misión Terrenal personal.

Nuestro Padre Celestial nos ayudó a crear
nuestra familia Terrenal, porque Él sabía que
no podíamos lograr nuestra misión solos.

Después de aconsejarnos y advertirnos sobre la elección de nuestra familia, Él nos avisó que algunos miembros de la familia podrían perder su camino. Ellos tomarían malas decisiones que nos podrían lastimar. Nosotros tendríamos que hacer todo lo posible por fortalecernos a nosotros mismos y a otros miembros de la familia para mantenerlos a ellos y a nosotros a salvo. Nos recordó que cada uno de nosotros aportaría talentos y dones únicos a la mesa para fomentar, elevar y fortalecer a los demás miembros de nuestra familia. Él también nos explicó que habría momentos en los que sería difícil amar a nuestra familia. Él nos dijo a que no perdiéramos la confianza, los unos en los otros, porque Satanás hará todo lo posible para destruir la unidad familiar.

Dios no dice entonces que, una vez elegimos a nuestra familia, entonces nuestros padres y hermanos serán siempre nuestros padres y hermanos. Nuestro Padre Celestial nos recuerda que nosotros nos elegimos entre nosotros para ayudarnos los unos a los otros en la Tierra. De esta manera, Él nos dijo que les perdonáramos y los amáramos con todo nuestro corazón dado que ellos, también, se encontrarán en una misión luchando continuamente contra Satanás, el dragón, mientras intentan mantenerse fieles a su camino. Ellos también se estarían esforzando por recibir rodo lo que el Padre Celestial les prometió como príncipe o princesa en Su Reino. Mientras nuestro Padre Celestial nos ayudaba a terminar de crear nuestra unidad familiar, Él expresó entonces, con el corazón lleno de ternura, que por favor nos ayudáramos entre nosotros abajo en la Tierra dado que Satanás es nuestro enemigo, NO nosotros mismos.

Padres

Mientras creábamos esta familia, nuestro Padre Celestial nos pidió que escogiéramos con especial cuidado a nuestros padres. Nuestros padres serían enviados primero a la Tierra, para aprender cómo luchar contra el dragón. Ellos podrían experimentar la vida en primer lugar, con todos los altibajos en las relaciones, las finanzas, la salud, la enfermedad, la alegría, el dolor y el amor. Ellos nos pueden enseñar y dar orientación y asesoramiento sobre lo que puede ayudar o entorpecer nuestra vida mientras completamos nuestra misión. Finalmente, nuestros padres nos enseñarían lo que nos haría felices y lo que nos haría miserables.

Nuestro Padre nos anima durante nuestra búsqueda a dejarnos aconsejar por nuestros padres, hablar con ellos, escucharlos y confiar en ellos. Como padres, su trabajo principal es enseñarnos e instruirnos sobre el bien y el mal.

Dios también quiere que recordemos que siempre hay consecuencias de las malas decisiones y recompensas por las buenas decisiones. Nuestro trabajo, como hijos, es aprender y crecer mientras observamos a nuestros padres como modelos a seguir. Él nos dice, además, que algunos de nuestros padres perderían su camino. Si eso sucede, debemos observar buenos modelos de conducta de otros adultos, como ejemplos.

Nuestro Padre Celestial nos recuerda que mientras nuestros padres lo hagan lo mejor que puedan serán nuestros mayores activos en la Tierra. Nos pide que recordemos, cuando nos enfademos con ellos, que nosotros los elegimos como padres. Él nos insta a ser pacientes con ellos y perdonarlos cuando tomen decisiones malas o dañinas.

Después de hablar de la familia y los padres, nuestro Padre Celestial nos dio algunos regalos y talentos para aumentar nuestras posibilidades de tener éxito en nuestra búsqueda. Cada misión es adaptada individualmente para nuestro crecimiento definitivo. A veces, nos pondrá a prueba al límite de nuestra capacidad. Por lo tanto, nuestro Padre Celestial nos dio todo lo que necesitábamos para conquistar y vencer al dragón, Satanás. Él nos dio talentos para disfrutar y mejorar nuestro viaje, y regalos para superar los obstáculos. Después de otorgarnos los dones y los talentos que necesitaríamos para los rasguños y los cortes con los que podríamos toparnos durante nuestra misión, nuestro Padre Celestial colocó una armadura completa frente a nosotros que, en caso de ser utilizada, nos asegurará nuestro éxito.

La armadura de Dios

La armadura de Dios es la protección añadida que necesitaremos para derrotar y resistir el fiero dragón (Satanás) que nos espera en la Tierra. De esta armadura se habla en Efesios 6:11, "Revístanse con toda la armadura de Dios para que puedan estar firmes contra las insidias del diablo."

Nuestro Padre Celestial nos muestra la espada del espíritu, el casco de la salvación, el escudo de la fe, la coraza de justicia, el cinturón de la verdad y los zapatos del evangelio. Él nos explica estas piezas combinadas nos ayudarán en nuestra búsqueda a través de la carrera de obstáculos de nuestra vida.

Antes de explicar cada pieza, nuestro Padre Celestial nos advierte que nos encontraremos con la tentación, la ira, el dolor, la traición, el divorcio, la depresión y muchos otros sentimientos de oscuridad que pueden frustrar el éxito y la felicidad. Por lo tanto, nuestro Padre Celestial nos aconseja que utilicemos toda la armadura de Dios constantemente, durante toda nuestra vida, porque Satanás quiere que seamos miserables y que perdamos nuestra recompensa eterna.

La espada del Espíritu

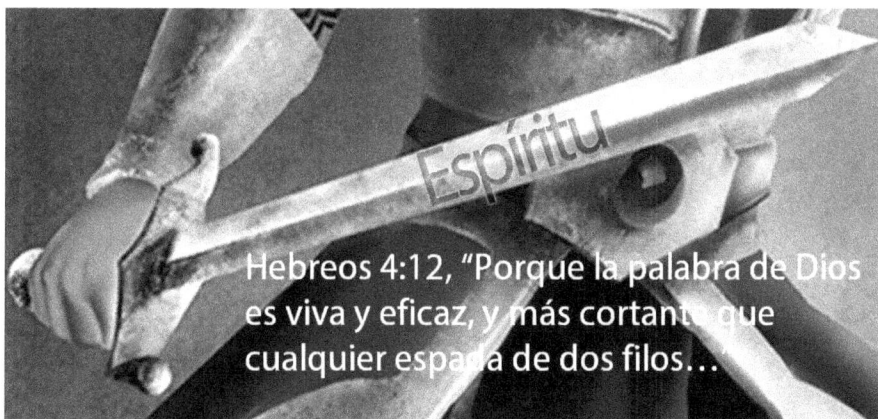

Espíritu

Hebreos 4:12, "Porque la palabra de Dios es viva y eficaz, y más cortante que cualquier espada de dos filos…"

La espada del Espíritu es la Palabra de Dios, tal como se menciona en Hebreos 4:12, "Porque la palabra de Dios es viva y eficaz, y más cortante que cualquier espada de dos filos…"

Al igual que una espada es un arma utilizada para atacar o defenderse de un enemigo, la Palabra de Dios tiene poder para destruir al dragón que está esperando para destruirnos con sus fieros dardos de mentiras. Nuestro Padre Celestial ha enviado a otros antes que nosotros (los profetas y Jesucristo el Salvador) para escribir la Palabra de Dios (las Escrituras). Siguiendo las escrituras- que nos dicen qué hacer, cómo evitar los obstáculos, qué camino nos lleva de vuelta a Dios, y qué acantilados y bosques oscuros evitar (es decir, el pecado y la tentación)- seremos guiados a salvo a casa.

Nuestro Padre Celestial nos dice que si queremos tener éxito en esta misión, tenemos que leer el manual (escritura) de quién (Jesucristo El Salvador) logró Su misión antes que nosotros. Las Escrituras nos dicen todo lo que debemos hacer para derrotar al dragón y completar nuestra misión con éxito.

La coraza de la justicia

Una coraza protege las partes más vitales de nuestro cuerpo, como el corazón y los pulmones. Del mismo modo, los pensamientos y las buenas acciones nos protegerán de las malignas tentaciones de Satanás. En 1 Corintios 15:34 se dice: " Despertaos, como conviene, y no pequéis más..." Debemos utilizar el ejemplo de rectitud que viene de Jesucristo y "no pecar" para protegernos de Satanás.

2 Pedro 1:1, "los que han recibido una fe como la nuestra, mediante la justicia de nuestro Dios."

Nuestro Padre Celestial nos anima a mantener nuestros pensamientos y nuestra mente limpios de pecado, falta de perdón, odio y venganza, para que seamos capaces de ver los peligros en nuestro camino antes de que nos acontezcan. Él nos advierte de que, cuando no tomemos decisiones correctas, estaremos dejando que Satanás sea el titiritero en nuestra vida. Igualmente, mientras actuemos y tomemos buenas y justas decisiones, nos haremos más fuertes y, al hacemos más fuertes, seremos capaces de ahuyentar al dragón por miedo que vayamos a conquistarle a Él de nuevo.

El cinturón de la verdad

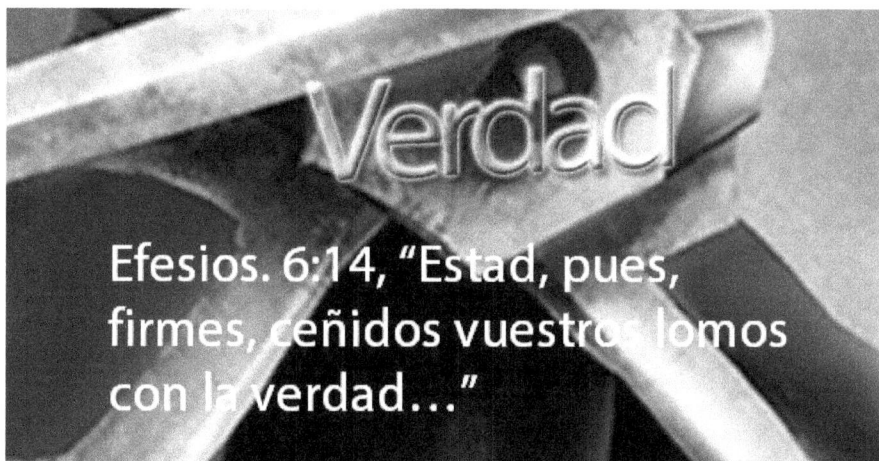

Efesios. 6:14, "Estad, pues, firmes, ceñidos vuestros lomos con la verdad..."

El cinturón de la verdad nos defiende de Satanás, el Padre de las Mentiras. Si somos honestos, como se dice en Juan 8:32: "Y conocerán la verdad, y la verdad los hará libres", seremos hechos libres. Libres para seguir el camino que nuestro Padre Celestial quiere para nosotros, no el que Satanás quiere que sigamos.

Al igual que los cinturones se usan en las batallas para reforzar el uniforme en su conjunto y proteger algunas partes muy vitales de nuestros cuerpos, la verdad nos mantiene fuertes y fieles a quien realmente somos y a lo que podemos lograr. Aprendiendo y aferrándonos a las verdades que nos han enseñado las escrituras (que somos de ascendencia real, enviados en una misión para probarnos) nos ayudará a protegernos de las mentiras de Satanás quien dice que somos inútiles y que no somos lo suficientemente fuertes para resistir. Aferrarnos a la verdad y a la integridad siempre nos hará libres y nos mantendrá fieles a nuestro camino, en nuestra propia vida. Ser fiel a ti mismo te permitirá mantener la mirada en el camino y nunca tener que mirar atrás para ver si la mentira que dijiste te está siguiendo. La verdad te evitará ser distraído y salirte de tu camino.

Efesios 6:15, "Y calzados los pies con el apresto del evangelio de la paz;"

Los zapatos del evangelio

Cuando vayas a una misión o una batalla contra Satanás, ¿considerarías ir sin zapatos? ¡No, por supuesto que no! Los zapatos nos protegen de climas diversos y de las diferentes superficies donde debemos caminar subir durante nuestra misión. Igualmente, el evangelio de Jesucristo (fe, esperanza, arrepentimiento, bautismo…) es lo que nos va a proteger de las malvadas intenciones y las ardientes mentiras del dragón, Satanás.

En Isaías 52:7, está escrito, "Qué hermosos son, sobre los montes, los pies del que trae buenas nuevas,…". Las buenas noticias son el evangelio, el cual El Salvador trajo a la Tierra mientras estaba en Su misión y que se encuentra disponible para nosotros hoy. Su evangelio nos mantendrá fuertes e inquebrantables cuando Satanás y sus ángeles intenten atacarnos.

Los zapatos, como el evangelio, nos protegerán en cualquier circunstancia o ambiente que nos encontremos. Si quieres terminar esta misión con honor y convertirte en un verdadero príncipe o princesa, debes estar preparado para caminar grandes alturas para ser como nuestro Padre Celestial. Cualquiera puede alcanzar grandes alturas (vivir con Dios de nuevo) mientras derrotemos al dragón acogiéndonos a la fe, el arrepentimiento, el bautismo y la plenitud del evangelio de Cristo.

Es escudo de la fe

Los escudos pueden moverse en muchas direcciones, bloqueando las fuerzas malignas y las armas de nuestros enemigos. Igualmente, la fe es el escudo definitivo en la Tierra. La importancia del escudo se manifiesta en Efesios 6:16, "Sobre todo, tomen el escudo de la fe con el que podrán apagar todos los dardos encendidos del maligno." Esto nos dice que, con un escudo de fe, no solo esquivaremos los dardos de fuego, sino que los apagaremos. La fe es nuestra arma definitiva contra el dragón, porque nos va a proteger contra los engaños y el fuego de las tentaciones.

Dado que tenemos fe en Jesucristo, que fue delante de nosotros, y en el plan de nuestro Padre Celestial, podemos estar seguros que todos nuestros esfuerzos y la energía utilizada en nuestra búsqueda resultarán en la victoria final para convertirnos en príncipe o princesa en la mano derecha de Dios. La fe es creer que somos de ascendencia real y que Dios nos dio lo que necesitamos para volver a casa victoriosos.

La fe tiene el poder de mover montañas, cambiar los corazones, curar las almas y allanar el camino para volver a casa. La fe es el escudo que apaga los ardientes dardos de Satanás. Es indispensable en nuestro regreso a casa.

Efesios 6:16, "Sobre todo, tomen el escudo de la fe con el que podrán apagar todos los dardos encendidos del maligno."

El casco de la salvación

Salvación

Salmos 27:1, "el Señor es mi luz y mi salvación, ¿a quién temeré?..."

Al igual que un casco puede proteger la cabeza de lesiones fatales y daños cerebrales graves, de manera similar, la esperanza de la salvación nos protege de la duda, el miedo y la desesperanza. En Tito 1:2, " con la esperanza de una vida eterna, la cual Dios, que no miente, prometió desde los tiempos eternos, " afirma que nos podemos asegurar la vida eterna si seguimos los consejos y el plan de Dios.

Si somos enviados en esta búsqueda para demostrar que somos dignos de vivir en el Reino de Dios como príncipe o princesa y luego nos dijera Satanás que la búsqueda no es real, ¿continuarías con tu búsqueda? No. Renunciarías si no tuvieras la esperanza de la salvación. Tienes que tener esperanza de que esta búsqueda es real y que te llevará a tu justa recompensa como príncipe o princesa. Por eso, la esperanza se compara con un casco. Los cascos son esenciales en cualquier batalla, como la esperanza es esencial durante nuestra búsqueda de la vida eterna como herederos del reino de Dios.

Cuando nuestro Padre Celestial nos mostró la armadura real de Dios, Él sabía que no todos la recibirían o la usarían cuando estuvieran en la Tierra. Él sabía que muchos pensarían que podrían llevar a cabo esta búsqueda sin protección alguna. Pero, dado que Él nos amaba tanto, y dado que todos los seres humanos en la Tierra pasaron su primera prueba de fidelidad como guerreros de la verdad y de la libertad, estando en el bando ganador de la guerra en el Cielo, Él quiso darnos algunos dones eternos que nos ayudaran en nuestras misiones individuales. El primer don se llama la luz de Cristo.

La luz de Cristo

Nuestro Padre Celestial nos explicó que todos en la Tierra serían obsequiados con la luz de Cristo, para guiarlos y ayudarlos a discernir el bien del mal en su vida. Esta luz nos advertiría de las malas decisiones que pueden surgir y de cualquier mal o peligro que se encuentre en nuestro camino. Estará allí, como nuestra conciencia, para guiarnos a través de nuestra vida y nuestra misión. Sabía que estábamos tomando un riesgo dejando Su presencia, y que no todos usarían la armadura de Dios. Por lo tanto, Él quería asegurarse de que todos tuvieran las mismas opciones de encontrar la verdad acerca de sí mismos, su misión (propósito) y Su plan.

Nuestro Padre Celestial nos explica que, aunque cada uno de nosotros va a tener este don en la Tierra, todavía depende de nosotros usar, o no, el poder de nuestro libre albedrío para tomar buenas decisiones. Con la luz de Cristo, podemos saber si las decisiones que estamos tomando son buenas o no. Esta luz puede iluminar el camino que estamos tomando en tiempos de oscuridad.

Nuestro Padre Celestial nos explica que la luz de Cristo es Su manera de ayudarnos en esta búsqueda. Cuanto mejores sean las decisiones que toméis, más fuerte será la luz (los sentimientos).

Entonces, Dios nos advierte que Satanás tratará de quitarnos todos los dones que Dios nos da. Por lo tanto, cuanto más ignoremos los sentimientos de alerta, más silenciosa y más tenue se hará la luz de Cristo. Si continuamos tomando decisiones equivocadas y haciendo caso omiso a la luz de Cristo, pronto desaparecerá y nos encontraremos caminando sin rumbo en la oscuridad. Ese día, el diablo se convertirá en nuestro guía.

Dios nos instruye que la decisión de escuchar los sentimientos de advertencia es nuestra. Nos dice que hay poder en nuestras elecciones. Si optamos por escuchar a nuestra conciencia, entonces estamos permitiendo que nuestra conciencia sea más potente, una luz brillante en el camino. Si hacemos caso omiso a esas advertencias y menospreciamos la luz de Cristo, le estamos dando nuestro poder (el brazo ejecutor) a Satanás.

Después de explicar los beneficios de la luz de Cristo y advertirnos sobre Satanás, nuestro Padre Celestial, entonces, nos pregunta quién queremos que sea nuestro guía. ¿Jesucristo, que tiene nuestros mejores intereses en el corazón y que nos llevará al Reino de Dios (a la felicidad y a la seguridad), o Satanás, quien se hará cargo de nuestra conciencia y nos llevará al dolor, al sufrimiento, a la infelicidad... y a una búsqueda fracasada, olvidada o perdida?

Frutos del Espíritu

El segundo regalo que nuestro Padre Celestial nos dio a todos Sus hijos en la Tierra es saber cuándo se dice o se lee la verdad y saber cuando recibimos respuestas a nuestras oraciones. Este regalo se llama el Espíritu de Dios. Cuando sientes el Espíritu de Dios, estás sintiendo la verdad, una confirmación de que estás haciendo lo que es correcto, que la respuesta a la pregunta que acabas de hacer es correcta, y que estás en el camino correcto. La Biblia habla de este Espíritu en Juan 14: 26, " Pero el Consolador, el Espíritu Santo, a quien el Padre enviará en Mi nombre, él les enseñará todas las cosas, y les recordará todo lo que les he dicho." El Espíritu también puede ayudarnos a recordar las verdades que se nos enseñaron previamente.

El Espíritu puede sentirse como los escalofríos, una sensación repentina de felicidad, o calor en el pecho. El Espíritu también puede sentirse como si un poco de miel caliente se estuviera vertiendo desde nuestra cabeza hasta los dedos de los pies. Puedes sentir deseos de llorar, o tener la sensación que los colores de la Tierra se ven más brillantes y que disfrutas más de estar al aire libre. De repente, puedes tener ideas maravillosas sobre cómo ser mejor, o tu comprensión mejora o se ilumina.

Puedes comenzar a sentirte más fuerte o más confiado en tu capacidad de conquistar el dragón. Básicamente, si se siente bien, es de Dios.

Éstos son los llamados frutos del Espíritu. Confirman que Dios se comunica contigo y que estás en el camino correcto para tu vida. Después de analizar cómo se siente el Espíritu, nuestro Padre Celestial menciona que cuando se recibe una respuesta, debemos recordar que Satanás nos pondrá a prueba. Por lo tanto, Dios nos anima a continuar de inmediato cuando nos llega una respuesta o un aviso. Satanás tratará de convencernos de que no era de Dios y se esforzará todavía más después de que recibamos las respuestas de Dios para frustrar nuestra nueva convicción de permanecer en el camino.

El Espíritu puede ser una guía constante a lo largo de nuestras vidas. Está ahí para advertirnos del peligro y confirmarnos las buenas decisiones. A medida que acogemos este regalo de ser guiados en nuestras vidas, vamos a encontrar una fuerza interior para permanecer fieles a nuestro curso y al plan de nuestro Padre Celestial.

Después de habernos explicado y brindado nuestros dones, nuestros talentos, la armadura de Dios, la luz de Cristo, y los frutos del Espíritu, nuestro Padre Celestial nos abraza fuertemente y nos habla de dos cosas más: el velo y el honor.

El velo

Nuestro Padre Celestial nos explica que el velo es como la pérdida de memoria. Nuestros recuerdos de la preexistencia todavía están allí, pero se ocultan en el fondo de nuestras mentes. Debemos demostrarle a nuestro Padre Celestial que somos dignos de una corona sin saber exactamente los obstáculos que nos encontraremos.

Tener un velo sobre nuestra mente nos enseña a tener fe y esperanza en lo que vendrá. Debido al velo, podemos redescubrir que una vez fuimos guerreros de la luz y de la verdad en la preexistencia. El velo también nos anima a buscar verdades que una vez conocíamos, y a encontrar la fe otra vez en que Dios es nuestro Padre y que somos de ascendencia real.

Aunque el velo esconde nuestros recuerdos, Dios nos pide que recordemos que Él tiene un plan para nosotros y debemos tener esperanza en que vamos a ser dignos de vivir con Él otra vez a través de Su Hijo, Jesucristo. Él explica que sin el velo, nuestra búsqueda sería como caminar en verdes pastos durante sólo una milla, sin obstáculos en el camino. ¿Podemos realmente ser probados en esta búsqueda terrestre si conociéramos cada paso a seguir? No. Por lo tanto, el velo nos anima a acercarnos a Dios, para usar Su armadura, para escuchar el Espíritu, para acoger la luz, y finalmente, para conquistar a través de nuestros propios esfuerzos, mediante la fe. Porque la fe es creer cosas que no se pueden ver, pero son ciertas.

Regresa con honor

La última cosa que nuestro Padre Celestial nos dice antes de empezar nuestra búsqueda aquí en la Tierra, es que regresemos con honor. ¿Qué significa esto exactamente? ¿Significa que debemos ser perfectos en nuestra misión? No. Significa que debemos intentar usar todas las herramientas que nuestro Padre nos ha dado: los dones, los talentos, las fortalezas, la armadura, la luz de Cristo y el Espíritu para superar a Satanás, mientras intentamos no dañarnos demasiado ni a nosotros mismos, ni a los demás. Regresar con honores significa que hemos peleado una buena batalla y que hemos regresado a casa victoriosos.

Cuando todo se ha dicho y hecho, nuestro Padre Celestial quiere estar orgulloso de nosotros y de nuestras acciones, por haber superado nuestras dificultades y nuestros desafíos tratando, sinceramente, de hacerlo lo mejor posible. Él sabe que saldremos heridos y a veces golpeados (superar). Dios, simplemente, quiere que no bailemos con el Diablo la mayoría de nuestra vida y luego, al final, pensemos que podemos simplemente arrepentirnos (en nuestro lecho de muerte), decir que lo lamentamos y sentirnos dignos de recibir nuestra recompensa eterna como herederos. Él entiende que nos equivocaremos muchas veces en nuestras vidas. Pero Él no quiere que abusemos de nuestro libre albedrío y hacer un daño profundo a los demás. Regresar con honor es básicamente arrepentirse de nuestros errores, esforzarse en hacerlo mejor, y ser honestos al hacerlo.

¿Qué tipo de rey honesto coronaría un príncipe o una princesa que desperdició su vida viviendo en pecado, venganza, asesinato, egoísmo, y en todos los demás actos concebidos por Satanás? Dios quiere que nos esforcemos todo lo posible y que nos arrepintamos cuando caigamos. Él quiere que construyamos nuestro propio carácter, que encontremos la compasión, que amemos a los menos afortunados, que luchemos por los débiles y que humildemente busquemos Su guía, de tal manera que podamos regresar con honor.

Después del último consejo de nuestro Padre Celestial para cada uno de nosotros, Él nos envía de camino para empezar nuestra búsqueda aquí en la Tierra. Nos dice que es una misión sin igual. Una misión llena de oscuras tinieblas, dragones, engaño, tentación, acantilados, luchas contracorriente, rasguños, cortes, heridas, caminos estrechos, calabozos oscuros y de mal acechando por todas partes. Aunque Satanás se ha preparado bien para hacernos fracasar, Dios nos dio lo que necesitamos para tener éxito: La armadura de Dios, la luz de Cristo, las fortalezas, los talentos, los dones, el Espíritu, las oraciones, la familia, y finalmente Jesucristo, nuestro Salvador.

Empieza tu Búsqueda

Tu primera misión es conseguir pruebas de que eres hijo de Dios y que eres de ascendencia real. Puedes comprobarlo leyendo la siguiente escritura, rezando y notando como te sientes.

Recuerda que en Romanos 8:17 la Biblia nos dice, "Y si somos hijos, somos también herederos; herederos de Dios y coherederos con Cristo. Pregúntale a Dios si esto es verdad.

Tu segunda misión es escribir cómo te sientes siendo un heredero de Dios. Anota cómo te hace sentir el saber que eres un príncipe o una princesa del Rey Celestial. ¿Cómo afecta a tu confianza y tu autoestima el hecho de saber esto? ¿Te tratarías mejor a ti mismo y tomarías decisiones inteligentes si supieras que formas parte de la Realeza? Imagínate a ti mismo perteneciendo a la Realeza aquí en la Tierra, ¿sería diferente tu vida? ¿Por qué?

Tu tercera misión es preguntarle a Dios si Satanás es real. ¿Es él nuestro enemigo y a quién debemos conquistar? Escribe como el hecho de saber que Satanás es real, te ayudará cuando se acerque la tentación.

¿El hecho de saber que Satanás quiere que fracases hará que quieras tener éxito todavía más? ¿Cómo te afecta el hecho de saber que Satanás quiere apartarte de tu posible trono y que seas tan miserable como él?

Tu misión final es preguntarte si esta búsqueda es real, si estás aquí, en esta Tierra, para ser probado, para demostrarte a ti mismo que eres digno como heredero en Su Reino. Entonces, anota el número de piezas de la armadura de Dios que estás utilizando actualmente. Si no estás usando muchas de ellas, comprométete a incorporar algunas más en tu vida.

Cuando invitemos a Dios a nuestra vida y usemos las herramientas que Él nos ha dado, no sólo nos sentiremos más cerca de Él y más seguros, sino también más fuertes para derrotar al dragón, Satanás.

Eres de ascendencia real

Tuviste éxito en tu primera misión

Eres suficientemente fuerte para tener éxito
en tu segunda misión aquí en la Tierra.

CAPÍTULO 2

La búsqueda del conocimiento
Descubre porqué estás aquí

El sentido de la vida

El entusiasmo impregnaba el aire mientras nos preparábamos para dejar la presencia de nuestro Padre Celestial, el Rey del Cielo y la Tierra, para iniciar nuestra misión - una misión que no se parecía a nada de lo que habíamos hecho hasta ahora. Esta búsqueda en la Tierra es por la libertad continua de elección, por el conocimiento, por el aprendizaje y el crecimiento, y finalmente, para ser herederos del Reino de Dios.

Mientras nos preparábamos para partir, nuestro Padre Celestial nos recuerda que una vez en la Tierra, tenemos dos motivos principales por los cuales estar allí. El primer motivo es recibir un cuerpo físico. El segundo es ser probados y ver si haremos todo lo posible para demostrar que somos dignos de regresar hasta nuestro Padre Celestial como herederos de Su Reino.

Cuerpo físico

Todos aquellos que demostraron ser dignos como Guerreros de la luz en su primera prueba, luchando por la libertad de elección y manteniéndose del lado ganador, fueron nombrados caballeros con un cuerpo. El paso de nuestro primer estado se menciona en Abraham 3:26, " y a los que guarden su primer estado les será añadido..."

El hecho de ser nombrados caballeros de un cuerpo nos abrió un mundo nuevo. Dado que cuando éramos espíritus y vivíamos con nuestro Padre Celestial, sólo podíamos experimentar hasta cierto punto. Sin embargo, cuando fuimos nombrados caballeros con un cuerpo, nuestros sentimientos y experiencias se realzaron y se multiplicaron por cien. Ahora, podíamos sentir y experimentar todas las emociones y tentaciones al máximo. Ser nombrados caballeros con nuestros cuerpos nos permitió sentir más la alegría, la felicidad, el amor, el placer, la sensación y la pasión. Pero también nos permitió sentir la tristeza, el odio, el remordimiento, la culpa y la vergüenza más de lo que nuestros espíritus jamás hubieran podido.

Nuestros cuerpos nos aportaron, no sólo mayores emociones, sino también nuevas experiencias en la salud, la fuerza y el poder, así como la fragilidad de dolor, de la enfermedad, de la debilidad y de la tentación. Ser nombrados caballeros con un cuerpo, debido a nuestra valentía en la preexistencia, fue realmente uno de los premios definitivos de nuestro Padre en el Cielo, como se indica en 1 Corintios 6:19–20, "O no saben que su cuerpo es templo del Espíritu Santo que está en ustedes, el cual tienen de Dios..." Nuestros cuerpos son tan especiales que se pueden comparar con el templo de Dios.

Ser nombrados caballeros con el cuerpo es un regalo muy especial de Dios. Es un regalo que Satanás y el otro tercio de sus seguidores, nunca recibirán. Puesto que nuestros cuerpos son un regalo de Dios, Dios nos pide que los cuidemos de manera especial. Si te dieran un nuevo Lamborghini ¿cómo tratarías este coche? ¿Lo conducirías en caminos de tierra, dibujarías grafitis en él o le pondrías agua en lugar de gasolina? Me atrevo a decir que no.

Pues bien, nuestro cuerpo debe ser tratado con el mismo cuidado y respeto como lo harías con el Lamborghini, uno de los coches más caros del mundo. Porque Dios ve tu cuerpo como una de Sus grandes creaciones y uno de los regalos más caros. Ningún otro continente podría ser utilizado para emprender una búsqueda tan difícil y exigente. Tampoco podrías sentir ni experimentar ninguna de las emociones como la alegría, la felicidad, el placer y el dolor sin tu cuerpo. Por lo tanto, sé benevolente con él. Mantenlo sano. Ten cuidado con lo que le pongas, con lo que escribas en él y con lo que lo aprovisiones. Recuerda que este es el único organismo con el que serás nombrado caballero aquí en la Tierra.

Para hacer que nuestro regalo, el cuerpo, dure para siempre, nuestro Padre Celestial, a través de Su hijo, Jesucristo, ha diseñado una manera para que recuperemos nuestro cuerpo físico después de morir, a través de la resurrección. No recibiremos un cuerpo lastimado, roto, ni falto de extremidades, sino un cuerpo perfecto, intacto, proporcionado y potencialmente tan radiante como el Sol. Todos los que fueron nombrados caballeros con un cuerpo, recuperarán su cuerpo después de morir, como un regalo por su valentía en la preexistencia. La resurrección es un regalo gratuito tal y como se explica en Hechos 24:15, "… de que ciertamente habrá una resurrección tanto de los justos como de los impíos."

Tomemos o no buenas decisiones, o regresemos a casa siendo o no dignos como herederos, una vez hemos sido nombrados caballeros con un cuerpo, este regalo nunca se nos va a arrebatar, Satanás lo sabe. Él está extremadamente enfadado porque él nunca recibirá un cuerpo, por lo tanto, ve con cuidado. Este dragón de mentiras, engaños y amargura intentará hacer todo lo que esté en sus manos para destrozar tu regalo a través de malos hábitos, acciones abusivas y una vida de desenfreno. Este malvado dragón hará todo lo que pueda para exhalar fuego (tentaciones) para ayudarte a destruir tu cuerpo aquí en la Tierra, y finalmente, apartarte de tu potencial trono.

Cuidar nuestro cuerpo es parte de nuestra misión. La otra parte es observar qué decisiones tomaremos cuando nos encontremos con obstáculos durante nuestro camino a casa.

Libre albedrío – El poder de la decisión

Recuerda que, durante la guerra en el Cielo, luchamos por el libre albedrío— no por recibir un cuerpo físico, sino por el poder de decidir. Pregúntate a ti mismo: ¿Por qué crees que luchamos tan valientemente por tomar nuestras propias decisiones y Satanás, con su tercio, luchó tan valientemente por elegir por nosotros? Porque se crea energía cuando tomamos decisiones. Esa energía genera algún tipo de poder en nosotros; nos conduce a vivir y a ser libres. Intenta pensar en algún momento en que no tuviste elección, sino que estuviste forzado a escoger una opción en concreto. ¿No te sentiste impotente en ese momento? La razón por la que te sentiste impotente y desamparado es porque el poder de decidir sobre tu vida fue otorgado a otro.

Satanás todavía quiere poder sobre tus decisiones. Poco a poco y con astucia, tratará de convertirse en el titiritero de nuestras vidas a través del engaño, la tentación y las emociones negativas. Por eso, cuando elegimos lo que está mal, le damos nuestro poder a Satanás. Cuando escogemos lo que está bien, mantenemos el poder dentro de nosotros. Cuando tomamos decisiones— tanto buenas como malas—dichas decisiones tienen el poder de determinar en quién y en lo qué nos convertiremos.

Recuerda que luchaste valientemente, en la preexistencia, por la libertad de decidir. ¿Lo harías otra vez aquí? ¿Mantendrás el poder dentro de ti cortando las cuerdas del engaño que Satanás está intentando atar a tu alma?

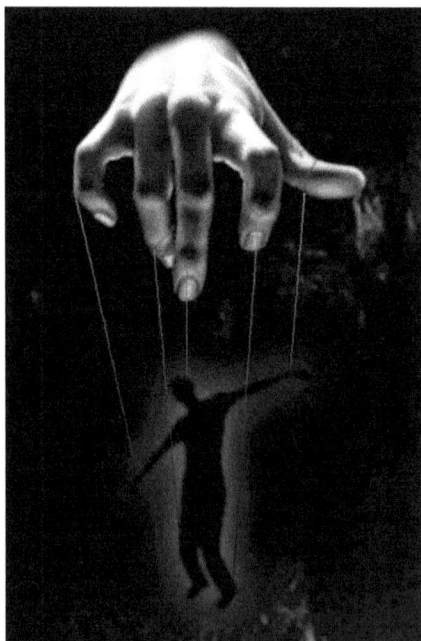

O, ¿continuarás ignorando el hecho de que él se ha convertido en tu titiritero debido a las malas decisiones que has tomado? Estas malas decisiones han limitado tu libertad, como si fueras una marioneta. Esta misión es tuya. Solo tú tienes el poder dentro de ti para tener éxito.

A todos aquellos que fueron nombrados caballeros con un cuerpo (es decir, a todos los humanos en la Tierra) también se les otorgó el libre albedrío. El Señor describe el libre albedrío en Abraham 3:25, "y con esto los aprobaremos, para ver si harán todas las cosas que el Señor su Dios les mandare." El libre albedrío es simplemente el derecho de elegir entre el bien y el mal. El libre albedrío nos permite tomar decisiones cada día—grandes o pequeñas—que pueden tener un impacto en nuestras vidas. Debido al libre albedrío, tenemos la opción de escoger si usamos la armadura de Dios, si escuchamos al Espíritu o si les pedimos consejo a nuestros padres y de tomar decisiones inteligentes y así, mantenernos fieles a nuestro camino. Recuerda que la libertad de decisión es por lo que luchamos en la preexistencia, ¿continuarás luchando por ello aquí?

Ponte la armadura de Dios completa para aplacar las mentiras de Satanás.

ARMADURA DE DIOS

Dios no existe

Satanás no es real

Los mandamientos están pasados de moda

CUIDADO CON LOS ARDIENTES DARDOS DE MENTIRAS DE SATANÁS

EFESIOS 6:16 "SOBRE TODO, TOMEN EL ESCUDO DE LA FE CON EL QUE PODRÁN APAGAR TODOS LOS DARDOS ENCENDIDOS DEL MALIGNO."

Cuando se nos destinó a esta Tierra y fuimos enviados en esta misión, la guerra con Satanás empezó de nuevo. Se trata de una guerra diferente. Esta vez, ya tenemos nuestro libre albedrío. Sin embargo, Satanás todavía está allá fuera intentando hacer todo lo que esté en sus manos para arrebatárnoslo a través de engaños, tentaciones y confusiones.

Cuando caemos en su trampa, le estamos dando nuestro libre albedrío y estamos limitando nuestras opciones. Por ejemplo, si permites que te arrinconen en una esquina (debido a las malas decisiones) con el dragón cara a cara y observando cada movimiento, vas a ver como tus decisiones quedarán limitadas (cárcel, libertad condicional, adicción, etc.).

A lo largo de nuestra misión, nos enfrentaremos a obstáculos, pruebas, desafíos y oscuridad. Estos desafíos intentarán entorpecernos el camino para completar nuestra tarea. ¿Cuál es nuestra tarea? Nuestra tarea trata simplemente de superar los obstáculos, las pruebas, los desafíos y la tinieblas de la oscuridad usando nuestro libre albedrío, nuestros talentos, nuestros dones, nuestras fortalezas, nuestra armadura y el Espíritu, para que, al final, podamos salir victoriosos.

Así que empecemos esta misión con conocimiento. El conocimiento sobre cómo Satanás lleva a cabo su cometido y dónde se esconde, y sobre cómo Jesucristo lleva a cabo Su cometido y cómo Él está, al descubierto, para ayudarnos.

Satanás

El plan de Satanás y su propósito principal, es hacer todo lo que pueda para ayudarnos a destruir nuestros cuerpos a través de su mal uso, destruir nuestras mentes a través de la confusión y la desesperanza, y destruir nuestra felicidad a través de la ira, la venganza y el odio. Satanás todavía quiere el poder sobre nuestros deseos y nuestras decisiones. Intenta, sutilmente, ser nuestro titiritero usando el pecado, la ira y el mal uso del libre albedrío. Por ello, debemos vigilar atentamente, con nuestros ojos bien abiertos, cuando tomemos decisiones. ¿Esta opción me acercará a mi objetivo de lograr esta misión? O ¿esta elección le permitirá a Satanás ser el titiritero de mis decisiones futuras?

Imagínate esto: Te encuentras en tu misión de regresar al castillo, el Reino de Dios, como heredero de su trono. Mientras estás luchando (adicción), sin saber qué hacer o lo que está por llegar, te sientes desanimado y cansado. Sabes que, aunque estés cansado, todavía tienes que derrotar al dragón (quien te hace dudar de tu fuerza). Dios sabe cómo te sientes, tal y como se expone en Hebreos 12:1, "Por tanto, puesto que tenemos en derredor nuestro tan gran nube de testigos, despojémonos también de todo peso y del pecado que tan fácilmente nos envuelve, y corramos con paciencia (perseverancia) la carrera que tenemos por delante."

Cuando miras hacia delante, ves el camino que debes seguir (recuperación). Dicho camino contiene algunos bosques oscuros (duda), subidas rocosas (retiradas) y, a veces, terrenos movedizos (trabajo duro). ¿Qué haces? ¿Lo intentas?

¡Ten cuidado con los ardientes dardos de mentiras de Satanás!

NO eres Suficientemente Fuerte

El plan de Satanás es desanimarnos, nublándonos la visión e impidiéndonos ver nuestra fuerza interior, las herramientas que tenemos disponibles y el conocimiento sobre el hecho de que, ya anteriormente, habíamos logramos vencerle. Él desea que fracasemos sin ni siquiera intentarlo. Él espera que olvidemos que cada uno de nosotros tiene la fuerza para derrotar al dragón. Recuerda que él es el Padre de las mentiras y los engaños. Por lo tanto, sé consciente de las tinieblas, del desespero y de la desesperanza que crea el dragón enfadado, a través de los errores habituales que todos cometeremos aquí en la Tierra. Aunque, a veces, podamos caernos, tenemos que seguir intentándolo. Dado que cada obstáculo o sentimiento negativo que podamos encontrar, puede ser superado con las herramientas que el Rey nos dio antes de irnos.

El Salvador Jesucristo

Cada uno de nosotros sabía, cuando luchamos por el libre albedrío, que encontraríamos oposición y opuestos para todo lo que experimentáramos aquí en la Tierra. Sabíamos que donde está el mal, existe siempre el bien. Donde hay confusión, existe siempre el conocimiento. Todo tiene su opuesto: el bien y el mal, lo malo y lo correcto, la salud y la enfermedad, el placer y el dolor. De manera similar, el Salvador Jesucristo es exactamente opuesto a Satanás, el dragón. Por lo tanto, durante nuestra misión, podemos encontrarnos con muchos obstáculos, pruebas, confusión, desafíos y otras cosas que nos llenan la mente de oscuridad. Pero, nuestro Padre Celestial—a través de Su hijo Jesucristo, nuestro hermano—creó herramientas para superar cualquier cosa a la que pudiéramos enfrentarnos, especialmente la oscuridad. Dado que el Salvador, Jesucristo, es la luz del mundo.

Jesucristo es nuestra herramienta más sólida aquí en la Tierra. Se fue antes que nosotros, allanó el camino y sacó tantos obstáculos como pudo (la resurrección), si Cristo no hubiera sido resucitado al tercer día después de Su muerte, entonces a ninguno de nosotros se le regresaría el cuerpo, ni ningún cuerpo sería perfecto, después de nuestra muerte.

Jesucristo también nos proporcionó una manera para regresar a nuestro camino cada vez que nos caigamos (la expiación). Jesús nos proporcionó una manera para volver a subirnos, para aprender de nuestros errores y para seguir adelante. Sólo a través de Jesucristo, los seres humanos pueden completar su misión, como se dice en Hechos 4:12: "... porque no hay otro nombre bajo el cielo dado a los hombres, en el cual podamos ser salvos."

Jesús nos mostró el camino cuando emprendió el paso primero. Fue magullado, golpeado y escupido e incluso clavado en la Cruz, para que podamos disponer de todas las oportunidades para tener éxito. La diferencia entre nosotros y Jesucristo es que Él tenía que hacerlo perfectamente, para que no tuviéramos que hacerlo nosotros. Todo lo que nos pide es, que cuando nos caigamos, incluso del precipicio de la vida, le pidamos que nos perdone y que nos ayude a retomar el camino. Satanás tiene sus planes de engaño para tratar de ser el titiritero de nuestras vidas. Sin embargo, el Salvador, Jesucristo, nos ha proporcionado las herramientas necesarias para cortar las cuerdas, curar nuestras heridas, y finalmente matar al dragón. Por lo tanto, recuerda, tú eres lo suficientemente fuerte, con la ayuda de Jesucristo, para conseguir superar cualquier cosa que te encuentres a lo largo de tu vida.

Imaginémonos, por un momento, saliendo a la batalla. Cuando piensas en una batalla, ¿piensas en pastos verdes, globos, niños que juegan y en pasar un buen rato? No. Cuando la gente piensa en una batalla, piensa en la guerra, el derramamiento de sangre, la lucha, las tácticas, el liderazgo, las filas, y, con suerte, las victorias. Esta búsqueda en la que nos encontramos es una batalla. Una batalla para ganar la guerra que Satanás ha creado aquí en la Tierra. Satanás ha creado una Tierra oscura, sombría, violenta, pecaminosa y confusa.

Nuestro Padre Celestial sabía esto antes de enviarnos a la Tierra. Sabía que íbamos a necesitar todo lo que Él nos pudiera dar (sin quitar el libre albedrío) para ganar esta guerra. Él, al igual que un general, no enviará a sus tropas (herederos del Reino) a librar una guerra sin la protección necesaria para ganarla. Dicho esto, creo que Dios no sólo nos dio las fortalezas, los talentos y los dones para superar todo lo que encontráramos, sino que también lo tomó en cuenta todo, a la hora de decidir las pruebas a las que nos enfrentaríamos. Creo que antes de que Él enviara a Sus príncipes y princesas en su búsqueda, el Rey de la tierra, Dios, les dio el conocimiento sobre lo que iban a enfrentar- o al menos de las cosas más grandes a las que se enfrentarían-en su búsqueda. En otras palabras, creo que cada uno de nosotros sabía y aceptó las pruebas que enfrentaría con el fin de demostrar que somos dignos de vivir con Dios otra vez.

¿Por qué estaríamos de acuerdo en eso? Cualquier buen líder o general de un ejército prepara a sus tropas para la guerra lo mejor que puede (pruebas) antes de enviarlas. Ningún general se puede preparar para todo lo que puedan encontrar (desafíos), pero puede prepararlas para lo más obvio, de entre todo lo que encontrarían (pruebas). Por lo tanto, cada uno de nosotros se hizo lo suficientemente fuerte como para superar cualquier cosa que nos pudiéramos encontrar, en nuestra misión de regreso a casa. En 1 Timoteo 4:14, " No descuides el don espiritual que está en ti...", afirma que se nos dieron los dones necesarios para superar las pruebas y los desafíos.

Pruebas y desafíos

Como herederos del Reino de Dios, tenemos que demostrar que somos dignos de regresar a casa y reclamar nuestra recompensa. Para probar que somos dignos, debemos ser probados, aunque no todas las pruebas tienen que ser sorpresas. A medida que nuestro Padre Celestial nos enviaba en esta misión, nos equipó con todo lo necesario para superar las pruebas únicas que cada uno de nosotros debe afrontar para demostrarle que todavía creemos y queremos volver a casa.

¿Qué es una prueba? Una prueba es algo que creo que aceptamos en la preexistencia. Nos ayudará a probarnos a nosotros mismos ante Dios, nos hará más fuertes, hará que desarrollemos nuestro carácter y permitirá que otros nos ayuden en la Tierra (por ejemplo, el cáncer, la pérdida de una extremidad, el dolor crónico, ser huérfano, un barrio pobre...).

Un desafío, por otro lado, es algo que nos afecta debido a nuestras malas decisiones o las decisiones de los demás (es decir, haber sido violada, intimidado, golpeado, consumir drogas, unirse a una pandilla...).

Las pruebas las aceptamos en la preexistencia, mientras que los desafíos son causados por el libre albedrío, aunque Dios usa ambos para nuestro aprendizaje y crecimiento. Nuestro Padre Celestial nos dará lo que necesitemos, cuando lo necesitemos, en cada parte de nuestra misión. Por ejemplo, si nos envenenamos por el camino, Él nos dará un antídoto (expiación). Si somos herimos a lo largo del camino, Él nos enseñará cómo vendarnos (perdón). Si perdemos nuestro camino de regreso, debido a la oscuridad que nos rodea, Él nos dará una enorme linterna para iluminar el camino (la luz de Cristo).

Pruebas

Cuando cada uno de nosotros fue destinado a la Tierra para cumplir con nuestra misión, llegamos preparados con nuestro propio conjunto de dones, como se dice en 1 Corintios 12:04, "Ahora bien, hay diversidad de dones, pero el Espíritu es el mismo", para nuestro propio grupo de pruebas. Cuando nuestro Padre Celestial escogió personalmente cada una de las pruebas para nuestro aprendizaje y crecimiento, se aseguró de que también estaríamos equipados con lo que fuera necesario: la fuerza, los talentos y los dones para sobreponerse y superar cualquier prueba. Nuestras pruebas pueden aparecerse, a veces, como debilidades, enfermedades, problemas mentales, problemas familiares, el éxito, la soledad... Por ejemplo, digamos que, a lo largo de tu camino te enfrentas a la necesidad de escalar una montaña vertical (padres alcohólicos). ¿Dudas de que Dios te haya proporcionado un arnés, unas cuerdas o unos pitones y con el fin de escalar la montaña? Dios nos ama y somos Sus hijos. ¿Por qué no iba a hacerlo?

Cuando las pruebas fueron escogidas para nosotros, todo fue tomado en cuenta: nuestras fortalezas, lo que realmente nos pondría a prueba, nuestros límites, y quién nos ayudaría. Las pruebas tienen lugar para que demostremos que todavía seguimos creyendo, teniendo confianza y amando a Dios. Por ejemplo: ¿Un chico popular necesita todavía a Dios? ¿Un niño que está siendo intimidado maldecirá a Dios? ¿Un niño enfermo odiará a Dios? Algunos piensan que ser popular no debería ser una prueba, pero para algunos, lo es. Una prueba es algo que va a demostrar si todavía podemos amar y dejarnos aconsejar por Dios.

¿A qué obstáculo te estás enfrentando en este momento? y, dicho obstáculo, ¿te está acercando o alejando de Dios? Las pruebas están aquí para probarnos y enseñarnos ciertas lecciones. La misión en la que te encuentras puede no ser fácil, o las pruebas a las que te enfrentas puede que no se resuelvan rápidamente. Pero cada prueba es específica para la persona a quien va dirigida.

Céntrate en tu interior para saber lo que necesitas superar, y créete que Dios te ha dado la fuerza para hacerlo. Ten cuidado, sin embargo, con el dragón que está tratando de consumirte con sus ardientes dardos de mentiras. Porque él quiere que pienses que no puedes superar la prueba a la que te enfrentas o que la prueba de los demás es más fácil y que sería mejor para ti. Satanás quiere que perdamos nuestro enfoque en nuestro propio camino distrayéndonos con lo que los otros están haciendo en su camino. Recuerda que cada uno de nosotros fue enviado a nuestra propia búsqueda y que se nos dio nuestro propio conjunto de talentos y fortalezas para superar los obstáculos con los que nos encontraríamos. No dejes que la confusión y la envidia nublen tu visión de lo que debes hacer con el fin de volver a casa.

Puede haber ocasiones, durante tu búsqueda, en las que hay que escalar una montaña (defender tus creencias) para llegar a una meseta más alta de tu vida. Puede que sientas que no hay manera de poder lograrlo. Cuando te sientas así recuerda dos cosas.

Primero, Dios prometió que nunca te enfrentarías a un desafío, una tentación o una prueba que no puedas gestionar, como se indica en 1 Cor. 10:13, "... que no permitirá que ustedes sean tentados más allá de lo que pueden soportar, sino que con la tentación proveerá también la vía de escape, a fin de que puedan resistirla."

En segundo lugar, antes de que nuestro Padre Celestial nos enviara a nuestra propia misión, Dios se aseguró de que teníamos todos los talentos, las fortalezas, y los dones que necesitaríamos para superar cualquier prueba o desafío al que nos enfrentáramos en la Tierra. Nuestro Padre Celestial sabía que las pruebas nos evaluarían y que se sucederían los desafíos. Sin embargo, Él nos envió preparados y confía en que podremos vencer y volver a casa.

Mi búsqueda del conocimiento

Mi búsqueda del conocimiento comenzó hace trece años, cuando empecé a tener dolores de cabeza diarios. Al principio, mis dolores de cabeza eran, como mucho, irritantes. Pero luego, con el tiempo, se volvieron más y más severos. A medida que aumentaba su gravedad, mis dolores de cabeza comenzaron a convertirse en migrañas. Todas las migrañas empezaban en la parte posterior de la cabeza y subían hasta detrás de mi ojo, dejándolo ligeramente ciego, y culminaban con vómitos durante dos o tres horas. Este patrón de dolores de cabeza diarios, y de migrañas, dos o tres veces a la semana, continuó durante trece años. El dolor era tan insoportable y agotador que, a veces, mis sentimientos sobre Dios se agrietaban.

Recé todos los días para que mis dolores de cabeza desaparecieran y para ser capaz de encontrar a alguien que me ayudara a aliviar el dolor. Pero, por desgracia, mis dolores de cabeza continuaron. Busqué entre todos los médico, terapeutas, acupunturitas, quiroprácticos, y trabajadores de la energía que pude encontrar para librarme de estos dolores de cabeza. Sin embargo, nada funcionó. Día tras día, me despertaba sufriendo, a veces maldiciendo a Dios por esta prueba. Sentí que me era demasiado difícil soportarlo.

Entonces, un día, le pedí a mi marido que me diera una bendición. Una bendición te la da alguien que posee el sacerdocio de Dios y se inspira para decirte lo que Dios quiere que sepas en ese momento. En esa particular bendición, mi marido me dijo algo que me abrió los ojos en mi propia búsqueda. Él dijo: "Kassi, nuestro Padre Celestial quiere que sepas que Él te quiere mucho y que Él entiende el dolor y el sufrimiento que has sentido y sientes en este momento. Él quiere que continúes invocándole para obtener fortaleza y consuelo, mientras pasas por esta prueba".

Mi marido hizo una pausa, "Kassi, la prueba de tus dolores de cabeza fue escogida para ti. Esta era la única manera que tenía Dios para probarte, para ver si todavía crees y tienes fe en Él, mientras pasas por todo este dolor. Esfuérzate y sé fiel y Dios te ayudará de todas las maneras que sean posibles mientras pasas por esta prueba".

Después de la bendición, sentí que una sensación de paz llenaba mi alma. A partir de entonces, he sido capaz de gestionar mis dolores de cabeza diarios en paz. Sé que estoy en una misión. Este es uno de los obstáculos que puede que continúe encontrándome en mi camino por el resto de mi vida. Sin embargo, también sé que Dios me hizo lo suficientemente fuerte como para vencerlo. Esta prueba fue seleccionada para mí, para ver si continuaré creyendo y siguiendo adelante, teniendo fe en que Dios no me va a probar más de lo que puedo soportar. Si tomo buenas decisiones, a pesar de mis pruebas, entonces, la misión en la que me encuentro será recompensada.

Desafíos

Las pruebas que enfrentamos son escogidas para nosotros, para nuestro crecimiento y aprendizaje definitivos, mientras que los desafíos a los que nos enfrentamos son a debidos al libre albedrío. Los desafíos son debidos a las malas decisiones que toman los humanos y que nos afectan personalmente. Por ejemplo: Mis dolores de cabeza son una prueba para mí, ya que no fueron debidos a mis malas decisiones, ni a las de los demás, mientras que el divorcio de mis padres era mi desafío.

Un desafío tiene lugar cuando tú, a ti mismo, u otras personas te causaron daño y afectaron tu vida profundamente (violación). Algunos desafíos son más difíciles de superar y representan mucho más esfuerzo por tu parte (perdón, sanación, ayuda, nuevas creencias...) que otros. Sin embargo, Dios se asegurará de que tendrás lo que necesites, cuando lo necesites. Recuerda, Dios no puede quitarnos a los humanos el libre albedrío, pero puede hacernos lo suficientemente fuertes como para superar cualquier cosa que nos desafíe.

Cuando encuentres desafíos en tu camino, debes saber que Dios no nos habría enviado nunca aquí abajo sin las herramientas adecuadas para solucionar nuestros problemas o sin una manera de aliviarnos. Este alivio de nuestros desafíos se encuentra en Mateo 11:28-30, que dice: "Vengan a Mí, todos los que están cansados y cargados, y Yo los haré descansar..."

Imagina que estás en el camino de regreso a casa, como heredero al trono. Has luchado contra el dragón de las mentiras, has aceptado la prueba del divorcio de tus padres, te sientes seguro con el progreso que has hecho hasta el momento y te sientes muy bien contigo mismo. Entonces, mientras caminas de regreso, alguien se te acerca y te lanza intencionadamente al suelo (intimidado). ¿Qué haces?

Este es un nuevo desafío. Alguien ha abusado de su libre albedrío y te ha hecho daño. ¿Te rindes? ¿Te detienes porque alguien ha perdido de vista lo que es y la misión en la que debe estar? ¿O te levantas, te sacudes el polvo, le perdonas, y sigues adelante?

A lo largo de nuestra vida nos encontraremos con problemas que son debidos a otras personas. Esto forma parte de nuestra misión, con el fin de ver qué vamos a hacer con los desafíos a los que nos enfrentamos debidos al mal uso del libre albedrío de otras personas.

La fe fortalecida por el conocimiento

Dios les dio a todos las fortalezas necesarias para superar sus problemas y desafíos personales. Ahora, es nuestro trabajo creer y tener fe en que Él nos ha dado lo que necesitamos para superar cualquier cosa, para que podamos tener éxito. Si te enfrentas a una prueba o un desafío que es extremadamente difícil, ten fe para pedir Su ayuda y se te brindará. Si crees que eres lo suficientemente fuerte para tus pruebas, entonces, utiliza ese conocimiento para que te ayude durante tus obstáculos aquí en la Tierra.

Puede haber ocasiones en las que alguien se cruza en tu camino y no puedes manejar la situación por ti solo (por ejemplo, un niño que es abusado sexualmente). Es por eso, que Dios pone a otros (como la familia) en tu camino para ayudarte. Recuerda, Dios puede ayudarte a superar cualquier cosa - no importa lo que la vida te depare. Con Él eres lo suficientemente fuerte.

La fuerza definitiva para superar cualquier cosa
proviene de creer y buscar consuelo en Dios.

El propósito de la vida, y el propósito de la misión, es ser desafiado, ser probado y ser fiel a nuestro camino. Cada misión a la que nos enfrentemos estará llena de obstáculos, de oscuridad, de confusión, de dudas y de miedo. Sólo recuerda el momento cuando superamos nuestra primera misión, la de ser guerreros por la libertad y la luz, y cuando después fuimos nombrados caballeros con el cuerpo. Estábamos encantados de participar en esta prueba para demostrar que somos dignos de ser herederos del Reino de Dios. Estábamos encantados porque nos dimos cuenta de que teníamos todo lo que se necesita para superar cualquier cosa.

Cualquier cosa que valga la pena tener en esta vida y en la siguiente, nos tomará trabajo duro, lucha, errores e incluso alguna caída. **Nunca te rindas.** Nunca dejes de luchar, porque te mereces la recompensa final. No importa qué luchas o qué peleas tengamos con el dragón durante nuestra búsqueda, sólo tienes que saber que nuestro Padre Celestial nos ha dado toda la fuerza, el talento, las herramientas, las piezas de la armadura y la visión que necesitaremos para, finalmente, resultar victoriosos. Todo el mundo es lo suficientemente fuerte como para regresar a casa con honor después de derrotar al dragón, a Satanás, y habiendo superado su misión.

Tu búsqueda del conocimiento

Tu primera misión es estar agradecido por tu cuerpo. Quiero que durante una hora no uses tus piernas. Te puedes arrastrar si necesitas algo.

Sin embargo, no puedes caminar. Puedes pensar: Eso es fácil. Me limitaré a ver la televisión. Entonces, en lugar de eso, no uses los ojos. Tómate este desafío en serio.

Anota qué tan limitado te has sentido. Qué tipo de lucha que ha sido. Y, con suerte, lo agradecido que estás de disponer de esta herramienta (cuerpo) para disfrutar de la vida.

Tu segunda misión es darles a otros tu libre albedrío. Durante una hora, quiero todo el mundo tome decisiones por ti. Esto significa incluso la necesidad de ir al baño, comer, dormir, lavarse los dientes... cada una de las decisiones. No puedes decidir nada por ti mismo. Encuentra a alguien que te diga qué hacer. (Tal vez tu hermano menor. A él le encantaría.)

¿Cómo te sentiste al no ser capaz de elegir por sí mismo? ¿Cómo es esto de tener a Satanás tratando de quitarnos nuestras opciones a través de la persuasión para utilizar incorrectamente nuestro albedrío (es decir, robas, estás en la cárcel)? Anota las similitudes entre estas dos experiencias.

Tu última misión es escribir tus pruebas (cosas, personas que involuntariamente te inhiben) y tus desafíos (causados por tus malas decisiones o por las malas decisiones de otros). Ahora, anota los dones y las fortalezas que sientes que tienes y que te ayudará a superarlos. Luego anota aquellos para los que vas a necesitar la ayuda de Dios. Pide Su ayuda.

Tu cuerpo es un regalo

Tu libre albedrío es una recompensa

Tus pruebas construyen tu carácter

Tu desafío es un campo de pruebas

La búsqueda de la fuerza interior

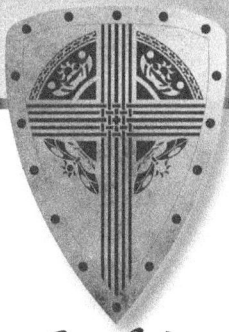

CAPÍTULO 3

La búsqueda de la fuerza interior

Descubre qué herramientas y qué fortalezas tienes

Aquí estamos, en la Tierra, tratando de encontrar nuestro camino en este mundo oscuro y triste, mientras luchamos constantemente contra el dragón. A cada uno de nosotros le han dado este cuerpo físico y la libertad de elegir. Pero ahora, nos encontramos en busca de más, a causa de nuestros problemas y nuestras pruebas. Buscamos la fuerza interior, la paz más profunda y los sentimientos de amor más grandes. Nos encontramos buscando algo más que lo que el mundo puede dar. En otras palabras, nos encontramos justo en las tinieblas de la oscuridad, tratando de encontrar la luz que nos muestre el camino de regreso.

Aunque nos damos cuenta de que somos de nacimiento real, todavía nos hacemos preguntas como: ¿Qué debemos hacer cuando nos caemos? ¿Qué debemos hacer si las oscuras nieblas se vuelven demasiado densas? ¿Cómo sabemos lo que debemos evitar en nuestros caminos? Nuestro Padre Celestial no sólo nos dio las herramientas, el Espíritu, la familia y la armadura de Dios para ayudarnos en nuestra búsqueda, sino que también nos dio otras formas de saber lo que debemos evitar, a dónde acudir en busca de orientación y qué hacer cuando caigamos.

Cada uno de los hijos de nuestro Padre Celestial
es único/a en su personalidad, propósito,
misión, fortalezas y debilidades.

Fortalezas y Debilidades

Cuando busquemos la fuerza interior, debemos empezar por mirarnos en el espejo. Nuestro Padre Celestial nos ha dado a cada uno de nosotros, fortalezas y debilidades. Nuestras fortalezas están aquí para generarnos confianza en nuestra capacidad de salir victoriosos de nuestras misiones individuales. Nuestras debilidades están aquí para mantenernos humildes y buscar la ayuda y el consejo de Dios.

Para encontrar fuerza interior, primero debemos descubrir nuestras fortalezas y debilidades. Si conocemos nuestras fortalezas y debilidades, entonces podemos estar mejor preparados para saber de lo que nos podemos encargar solos y de lo que no podemos hacer solos.

Para saber cuáles son tus fortalezas y tus debilidades, puedes hacer dos cosas. En primer lugar, puedes descubrirlo preguntándoselo a alguien en quien confíes y que se preocupe por ti. En segundo lugar, puedes buscar en tu interior.

Pregúntale a alguien más

Cuando le preguntes a alguien cuáles cree que son tus fortalezas y tus debilidades, puede que te dé un poco de miedo porque te sientes vulnerable. Por lo tanto, debes pedírselo a alguien que realmente te conozca y se preocupe por ti. Pregúntale a esta persona de confianza cuáles son las fortalezas y los talentos que ellos ven dentro de ti. Luego pregúntales en qué cosas debes tener cuidado (debilidades). Recopila esta información. A continuación, mira dentro de ti. Si estás satisfecho con las respuestas, céntrate en ellas. Si una o dos de ellas no encajan, entonces, busca en tu interior y sé honesto contigo mismo. Pregúntate a ti mismo: ¿Son estas características realmente ciertas? Si no es así, deshazte de ellas. Si son ciertas, y no te gusóo como te hicieron sentir, probablemente son cosas a las que debes hacer frente, sobre todo si tu instinto fue de deshacerte de ellas rápidamente. Después de haber pedido la opinión a una persona de confianza, puedes dejarlo así o puedes intentarlo de la segunda manera: buscar en tu interior.

Busca en tu interior

Al buscar en tu interior, anota las cosas que se te dan bien, las cosas que se te facilitan (por ejemplo: ser inteligente, bueno con los niños, amable, indulgente). Cuando pienses en las cosas que se te dan bien, sé bueno contigo mismo. Nadie más tiene que ver esta lista aparte de ti. Por lo tanto, debes estar orgulloso de ti mismo. Está bien saber que tienes talentos y fortalezas de Dios. Todos los tenemos. Nuestro Padre Celestial nos dio a todos fortalezas, para que podamos disfrutar de la vida y ser felices.

Anota primero tus fortalezas cuando busques en tu interior, de modo que las debilidades sean más fáciles de admitir. Recuerda, nuestro Padre Celestial nos da debilidades para que podamos acercarnos a Él y confiar en Él. Si todos los seres humanos fueran buenos en todo y nunca tuvieran que trabajar en nada, entonces nuestra misión sería fácil.

Cuando pienses en tus debilidades, anota las cosas que con las que tienes problemas y en las que podrías mejorar. Por ejemplo: Si te enojas fácilmente, su temperamento es una debilidad. Si caes en adicciones fácilmente (por ejemplo, en la comida, el alcohol, las drogas, la pornografía, las mujeres, los chismes...), entonces, el autocontrol es una debilidad.

El conocimiento es poder

Te puedes preguntar: ¿Por qué conocer nuestras fortalezas y nuestras debilidades es una herramienta poderosa para la fuerza interior? Saber de lo qué cuidarnos (debilidades) y qué usar cuando tu confianza es baja (fortalezas) no sólo te ayudará en esta búsqueda, sino que además te ayudará a ser más listo que el dragón. El conocimiento es poder. El conocimiento de tus fortalezas y tus debilidades, no sólo te hará más fuerte en tu búsqueda, sino que también te ayudará a saber qué obstáculos evitar. Si sabes que tienes un problema con la pornografía, y quieres superarlo, ¿No te dará, dicho conocimiento, el poder de elegir que actividades llevar a cabo cuando nadie te ve? ¿Qué harás cuando nadie esté mirando? Conocer nuestras debilidades y qué evitar, nos ayudará en el momento en que nuestras debilidades sean desafiadas. Saber cómo evitar ciertos peligros en nuestra misión y en qué fortalezas apoyarnos cuando nos estamos esforzando, nos ayudará en la misión de convertirnos en herederos del Reino de Dios.

Recurrir a nuestras fortalezas nos ayudará a ganar confianza, y estar atento a cuándo nuestras debilidades son desafiadas, nos ayudará a vencer al dragón cuando trate de atraernos a través de la tentación. Conocer ambas, nos hará más fuertes en nuestra misión en la Tierra. Por ejemplo, si sabes que no eres bueno escalando, pero eres realmente bueno navegando, ¿qué la actividad vas a elegir cuando se presente la oportunidad? Utiliza tus puntos fuertes, dados por Dios, para ganar confianza en ti mismo y traer alegría a tu vida.

Descubrir nuestras fortalezas y nuestras debilidades es sólo la punta del iceberg en la búsqueda de la fuerza interior. Aunque las fortalezas nos ayuden a obtener buenos resultados en nuestra búsqueda, ¿qué sucede cuando nos caemos a causa de nuestras debilidades? ¿Quién puede ayudarnos a levantarnos? ¿Quién nos va a curar cuando nos hieran? ¿Y quién puede ayudarnos a combatir al dragón? El que nos puede ayudar cuando nos caigamos, cuando lleguemos heridos, y cuando tengamos que destruir el dragón es el que iba delante de nosotros. Es el que terminó su misión perfectamente, para que no tuviéramos que hacerlo nosotros. Su nombre es Jesucristo, nuestro Salvador.

Jesucristo tiene muchos nombres. Uno de ellos es el Salvador del Mundo. Otro es el Sanador, el Pacificador, y el Cordero Sacrificado. Jesucristo tiene estos nombres debido a la misión que Él tuvo que terminar. Su misión final y todopoderosa era morir por los pecados del mundo y ser resucitado. Como mencionamos antes, la resurrección es un regalo gratuito para todos aquellos que pasaron su primera misión en la preexistencia. Cuando Él murió por los pecados del mundo, Jesús lo hizo por aquellos que buscan Su perdón, poder curativo, y consuelo en este mundo triste. Como resultado, podemos obtener fuerza interior al saber que podemos ser sanados cuando nos lastimemos y perdonados cuando nos caigamos. La combinación de Su sacrificio y la resurrección se llama la expiación.

La expiación de Cristo

La expiación tiene tres objetivos principales. El primer propósito, es ser perdonado por el pecado (un pecado es un acto contrario a los mandamientos de Dios, que se hizo a propósito). Jesucristo sufrió en Getsemaní por cada pecado humano que jamás se pudiera cometer en esta tierra. En Lucas 22: 42, leemos: "... diciendo: "Padre, si es Tu voluntad, aparta de Mí esta copa; pero no se haga Mi voluntad, sino la Tuya..." Aunque este sufrimiento hizo que Él y los cielos temblaran a causa del dolor, aun así llevo a cabo la voluntad del Padre, por nosotros.

Jesucristo sufrió por los pecados del mundo, para que, si nos arrepentimos, podamos ser perdonados. Cuando Jesucristo sufrió en Getsemaní, sentía cada pecado que se cometería aquí en la Tierra para que, sin importar lo que hagamos mal, podamos ser perdonados. Lo hizo para que, si nos caemos de nuestro camino, ya sea por algo pequeño (una mentira) o algo grande (robar) - podamos ser perdonados, se nos levante y nos podamos reincorporar a nuestro camino. Ninguna misión aquí en la Tierra ha terminado, sin importar cuántas veces caigamos, a causa de la expiación.

Cristo sufrió para que nosotros no tuviéramos que perder nuestra recompensa como herederos del Reino de Dios si hacíamos algo mal. Por lo tanto, si has pecado, por grande que sea el pecado, y te arrepientes, tienes la oportunidad de que limpiarlo a través de la expiación del Salvador. Por ejemplo: Digamos que, mientras andabas en el camino, estabas de mal humor y con hambre. Mientras caminabas, te encuentras con alguien durmiendo una siesta bajo un árbol. Al acercarte, te das cuenta de que dejó sus alimentos a la intemperie, por lo que empiezas a comer. Ese mismo día, un poco más tarde, te empiezas a sentir mal porque acabas de robar la comida de otra persona. Te arrepientes y le pides a Dios que verdaderamente te perdone. Como Dios ve que realmente lo sientes, te perdona y te limpia de pecado.

El segundo propósito de la expiación es compensar la diferencia entre los errores (cosas hechas sin intención) y la perfección de Dios. En otras palabras, la expiación compensa la diferencia entre la perfección de Dios y nuestras imperfecciones. Con el fin de recibir y ser como nuestro Padre Celestial, debemos completar nuestra tarea de derrotar al dragón, siguiendo el ejemplo de Cristo y terminando nuestra misión.

La única manera de hacerlo es que Jesucristo zanje la brecha entre la tarea imposible de hacer todo a la perfección y el hecho de hacerlo todo a través de nuestros mejores esfuerzos. Por ejemplo: Durante tu búsqueda te encuentras con un puente repleto de tablas que se debes cruzar. Te dices a ti mismo que no es gran cosa, por lo que procedes a cruzarlo. Al cruzar este puente inestable, te das cuenta que faltan diez tablas delante tuyo. ¿Qué haces? No puedes volver atrás, dado que este es el único camino a casa. Así que rezas para pedir ayuda. Gracias a la expiación, esas diez tablas aparecen y puedes cruzar. La expiación zanja brecha después de que tú hayas llegado lo más lejos posible.

El tercer propósito de la expiación es ser sanado. La expiación tiene el poder de curar lo que se nos ha hecho física, sexual, emocional, espiritual y mentalmente. También tiene el poder de curar enfermedades, problemas de salud, aflicciones, el odio, la ira, la venganza y el rencor. Es un regalo que todo lo abarca, con todo incluido, todopoderoso.

Dios y Jesucristo sabían que gente inocente se vería perjudicada por los demás-intencionalmente o no-en la Tierra. Ellos sabían que necesitábamos una manera de curarnos en nuestra misión, cuando nos hirieran. Sabían que tenía que haber una manera de ser sanados, y no sólo para el pecador, sino también para los inocentes.

La expiación tiene el poder de sanar, el poder de traer de vuelta la inocencia cuando fue arrebatada, para traer de vuelta la fe, donde la fe ha sido destruida, para traer de vuelta la salud cuando la enfermedad la desplazó, para traer de vuelta la confianza cuando se abusó de ella, y para devolver

la integridad a todas las almas vacías. La expiación se encuentra fácilmente disponible, al igual que la armadura de Dios. La única forma de
utilizar el beneficio de la expiación, como la armadura de Dios, es buscar
y preguntar por ella. Cuando usamos la expiación en nuestras vidas, no
sólo encontramos fuerza interior para seguir adelante, sino también una
sensación de paz, de que Cristo compensará la diferencia.

Oración

Para utilizar la expiación, sobre todo al máximo, debemos orar. Ora y
pídele a Dios que nos sane, nos perdone y nos consuele. La expiación
no nos hace ningún bien si no oramos ni pedimos a nuestro Padre que
la aplique. Por lo tanto, debemos aprender a orar cuando queramos utilizar la Expiación en nuestra vida y estar más cerca de Dios.

La oración es el camino que tenemos que utilizar para comunicarnos
con nuestro Padre Celestial. Esta comunicación puede fortalecer nuestro espíritu mejor que cualquier otra de las herramientas de Dios.

> Nuestro Padre Celestial no nos ha dejado
> solos en nuestra búsqueda, sin una manera de
> llamarlo cuando necesitemos Su ayuda.

La oración es la mejor manera de iluminar nuestro camino
cuando estamos luchando para encontrar nuestro rumbo. Nuestro
Padre Celestial es el único que tiene la respuesta a todos nuestros problemas. Por lo tanto, cuando te encuentres caminando sin rumbo en la
oscuridad (padres divorciados) en este diminuto camino, ¿quién es el
único que puede guiarte a través de él? Cuando oramos y le pedimos a
Dios que nos ayude con nuestra misión, tenemos que hacerlo teniendo fe
en que Él contestará. Recuerda que ninguna otra persona en la Tierra te
conocerá nunca tan bien como lo hace Dios. Por lo tanto, es inteligente

buscar Su consejo cuando buscamos respuestas, especialmente mientras nos encontramos en la oscuridad.

Si nunca has orado antes, pruébalo. Pregúntale si está allí. Este es un ejemplo de cómo orar para aquellos que son nuevos en la oración. Pero, recuerda, una oración es simplemente una comunicación sincera entre tú y Dios. Querrás llamarlo por su nombre, (Amado Padre Celestial). Luego, pídele lo que quieres saber. Básicamente, habla con Él.

Una vez que hayas terminado de hablar con Él, termina la oración: "En el nombre de Jesucristo, Amén." Y luego escucha. No cuelgues. Por ejemplo: Si vas a llamar a un amigo, ¿quieres hablar todo el tiempo y luego colgar antes de que tu amigo tenga la oportunidad de responder? Lo dudo. Lo mismo se aplica con nuestro Padre Celestial. Habrá que esperar su respuesta cuando le pidamos Su ayuda.

Cuando hayas terminado de hablar con Dios, pon atención a lo que viene a tu mente o lo que empiezas a sentir. El Espíritu se siente diferente en cada uno de nosotros. Como se mencionó en el capítulo uno, el Espíritu veces puede sentirse como escalofríos. Tal vez comenzarás a llorar. Es posible que tengas algunas ideas. Sientas lo que sientas, debes saber que Dios te está respondiendo y que Él te ama.

El proceso de la oración es importante. Igualmente importante es qué hacer cuando se recibe una respuesta a las oraciones. Cuando consigas una inspiración o respuesta de Dios, ¡síguela! Si no lo haces, entonces ¿por qué orar, simplemente? Si buscamos el consejo de Dios mediante la oración y luego no hacemos nada con la respuesta que da, es como esperar todo el día para pescar un pez y luego cortar el hilo cuando el pez finalmente pica. Las respuestas de Dios están ahí para ayudarte con tu vida y tu misión. Asegúrate de que actúas según las respuestas que recibas.

Confía en la opinión de Dios

Una de los mayores tucos de Satanás y una de sus trampas más profundas es convencernos de que Dios no nos ama si no contesta nuestras oraciones inmediatamente.

¡Cuidado con los ardientes dardos de mentiras de Satanás!

Dios no te ama

Nuestro Padre Celestial no contesta las oraciones de inmediato por dos razones. En primer lugar, si lo que pedimos no es bueno para nosotros y le estamos pidiendo a Dios que lo apruebe, Él no nos contestará. Por ejemplo, si le estamos pidiendo a nuestro Padre Celestial si debemos ir a la fiesta de nuestro amigo y nuestro Padre Celestial sabe que en la fiesta hay un grupo de niños que ponen drogas para violación en las bebidas, Él no aprobará tu solicitud.

Nuestro Padre Celestial está ahí para ayudarnos a lograr nuestra misión, no para hacer que sea más difícil. Nunca estará de acuerdo o confirmará ninguna respuesta que no está en tu mejor interés. Por lo tanto, es importante que confiemos en la opinión de nuestro Padre Celestial. Si Él no nos está contestando o algo se siente mal, confía en Él porque Él lo sabe todo de todos. Nunca nos llevará por callejones oscuros, solamente por calles iluminadas.

La segunda razón por la que nuestro Padre Celestial no responde a las oraciones de inmediato, es cuando no es el momento adecuado. Por ejemplo: Podemos sentir que estamos dispuestos a experimentar el mundo por nuestra cuenta y hacer un viaje a Europa. Así que pedimos la opinión de nuestro Padre Celestial. ¿Deberíamos ir? No hay respuesta. ¿Qué significa eso? ¿Significa que Él no quiere que nos vayamos? No necesariamente, sólo podría significar que no estás listo. Puede ser que Él sienta que hay algo más que puedes hacer en Estados Unidos y con tu familia antes de ir a Europa.

El tiempo lo es todo con nuestro Padre Celestial. Digamos que lo estás haciendo bastante bien en tu misión, y, mientras sigues andando por este camino, llegas a un arroyo. A medida que te acercas, ves una barca. Así que le preguntas a nuestro Padre Celestial si debes cruzar el arroyo. Y Él no responde. Ahora estás frustrado porque lo que deseas es llegar al otro lado. Por lo tanto, preguntas otra vez. Todavía no obtienes respuesta. Así que le preguntas por tercera vez y todavía no hay respuesta. Por último, estás cansado de esperar. Así que subes a la barca. Cuando estás listo para alejarte de la orilla, de repente, tiene lugar una gran riada repentina en el arroyo. Afortunadamente, fuiste capaz de saltar de nuevo a tierra firme y segura. Tu Padre Celestial sabía que la inundación iba a llegar, así que Él no contestó tu oración inmediatamente. Una vez que el diluvio hubo terminado, Él te dio la sensación de seguir adelante y pasar al otro lado del arroyo.

Las oraciones son contestadas cuando Él siente que es el momento adecuado y cuando siente que lo que estás pidiendo es bueno para ti. Nuestro Padre Celestial te ama mucho y quiere lo mejor para ti. Por lo tanto, confía en Él cuando sus respuestas no vienen inmediatamente. Cuando el Padre Celestial no responde a tus oraciones, deja que Él te guíe. El camino por donde te llevará será un camino de seguridad y paz. En definitiva, completarás la misión con éxito.

Cada uno de nosotros puede lograr todo lo que quiera cuando buscamos la orientación y el consejo de nuestro Padre Celestial. Nuestro Padre Celestial es el único que puede ver a través de la oscuridad, en el camino de nuestra vida. Aconséjate con él. Pídele Su opinión. Lo más importante es buscar Su guía cuando te sientes perdido.

Mi búsqueda de la fuerza interior

Cuando tenía trece años, jugaba al tenis en California y mi mamá se mudó para estar conmigo. La presión a la que me sometió para tener éxito fue abrumadora. Se creó una gran tensión entre nosotras. Cuando mi entrenador vio la presión de mi madre sobre mí, le dijo algo. Como resultado, el entrenador fue despedido. El cambio de entrenador y el hecho sentir la presión de tener que ser una jugador de tenis perfecta hizo desplomar mi deseo de jugar bien. Un día, cuando estaba jugando un par de partidos con el nuevo entrenador y con mi madre viéndome, no sentí ningún deseo de estar allí jugando al tenis. Así que perdí todos los partidos.

Cuando terminé de jugar, mi mamá y yo nos metimos en el coche para ir a casa. Antes de arrancar el coche, ella volteó a verme con una mirada de disgusto y comenzó a gritarme. Me dijo que no podía creer que hubiera perdido. Me recordó que se había mudado a California, para que pudiera ser una estrella. No podía entender por qué acababa de perder tan fácilmente sólo porque no tenía ganas de jugar más. Después de que terminara de descargar sus frustraciones, se volteó y me golpeó. Luego me dijo que saliera del coche y que caminara hasta casa. Me bajé del coche, pensando que sólo necesitaba refrescarse. Pero entonces, de repente, se marchó y me dejó allí sola.

Allí estaba yo, sola, en lo alto de las Colinas, a las nueve de la noche. La mayoría de los caminos estaban cubiertos de árboles. No había farolas, sólo caminos de tierra para caminar. Nuestro apartamento estaba a unos treinta minutos en coche y yo no sabía cómo volver a casa porque mi mamá siempre me había llevado. No tenía ni idea de qué hacer. Tenía trece años, estaba vestida con una falda de tenis y estaba sola.

Estaba asustada y sola. En lo único que pude pensar fue en empezar a orar y pedirle a Dios que me guiara a casa. Después de orar, me acordé de una canción que solía cantar cuando era niña en mi iglesia. La canción se llamaba: "Yo soy un hijo de Dios." Habla de ser uno de los hijos del Padre Celestial y de que, con él, nada es imposible. Cuando comencé a cantar esta canción, sentí que una paz me iba llegando. Entonces, un sentimiento de felicidad se extendió en mi corazón. Me sentí tan feliz que, de hecho, empecé a saltar. En unos cuarenta y cinco minutos, me encontré en frente del apartamento.

Ese día, fui guiada, en la oscuridad de la noche, por un Padre Celestial bondadoso que sabía exactamente cómo ayudarme a llegar a casa.

Nuestro Padre Celestial nos ha enviado a la Tierra para completar esta misión, con todas las herramientas que alguna vez necesitaremos para salir con éxito. Estas herramientas y estos regalos te ayudarán a encontrar la fuerza interior. La fuerza viene de saber que siempre, sin importar lo que Satanás intente hacer para frustrar nuestros esfuerzos, ni que los humanos intenten empujarnos fuera del camino, de forma intencionada o no, vamos a tener lo que necesitamos, cuando lo necesitemos, si se lo pedimos.

Nuestro Padre Celestial escucha nuestros pensamientos y conoce nuestros corazones. Él sabe cuando estamos luchando, y cuando nos sentimos débiles. Pide Su ayuda a través de la oración. Con Su ayuda siempre somos lo suficientemente fuertes para enfrentarnos a cualquier mal que se interponga en nuestro camino de regresar a casa.

Tu búsqueda de la fuerza interior

Tu primera búsqueda de la fuerza interior comienza con el descubrimiento de cuáles son tus fortalezas y tus debilidades. Puedes pedirle ayuda a alguien que te conozca (como se señaló al comienzo de este capítulo) o puedes buscar en tu interior. Anota tus puntos fuertes y luego tus debilidades. Cuelga tus puntos fuertes en una pared y léelos todos los días, para ayudarte ganar confianza.

Una vez que tus puntos fuertes y débiles hayan sido enumerados, anota cómo tus fortalezas te han ayudado en tu lucha y cómo pueden hacerlo en el futuro. Luego escribe como tus debilidades han obstaculizado tu progreso. Mira dentro de ti y piensa en un plan para ser más consciente de cuando tus debilidades están siendo desafiadas, para evitar las trampas a las que Satanás tratará de empujarte. Intenta ser más consciente de los peligros que fácilmente pueden asaltarte. Evítalos y pídele a Dios que convierta tus debilidades en fortalezas.

Tu segunda misión, después de descubrir tus debilidades y cómo pueden haber obstaculizado tu progreso, es observar dónde te encuentras en tu camino. ¿Te has estado cayendo del camino sólo un poco (mintiendo, chismeando...), o lo has hecho desde grandes alturas (drogas, robos...)? Escribe lo que has hecho en tu vida que te ha apartado de tu camino hacia la grandeza. Entonces, utiliza la expiación de Cristo para regresar a tu camino y empezar de nuevo. De hecho, empieza por reconocer que necesitas la expiación para vencer a Satanás y sus seguidores, con el fin de regresar a casa.

Hay poder en reconocer y aceptar el hecho de que necesitas a Jesucristo para ser feliz y tener éxito como heredero del Reino de Dios. Darnos cuenta de que necesitamos al Salvador Jesucristo, nos ayuda a no estresarnos por las pequeñas cosas que hacemos mal. Mantente abierto a la necesidad del sacrificio para regresar a casa y escribe aquello de lo que necesitas arrepentirte.

Tu última misión es aprender a comunicarte con Dios. Ora y ve si Él está allí. Pregúntale que si tienes lo que se necesita para regresar a casa. La oración es algo que puedes llevar contigo a cualquier lugar del mundo. Conoce su poder y cómo te guía. Construye de nuevo una relación con tu Primer Padre. Habla con Él todos los días y pídele fuerzas para vencer a Satanás.

Se te han otorgado fuerzas para desarollar confianza.

Se te han otorgado debilidades para mantenerte humilde.

Se te ha otorgado la Expiación para seguir adelante.

Se te ha otorgado la oración para ser guiado.

La búsqueda de respuestas

CAPÍTULO 4

La búsqueda de respuestas
Descubre por qué la vida es tan dura

aber quién eres, por qué estamos aquí y cómo solucionar tus problemas es un gran estímulo para tu misión. Pero, como sabes, otros se encuentran también en sus misiones individuales. Algunos de ellos pueden haber perdido su camino e intentarán apartarte del tuyo y frustrar tus esfuerzos para convertirte en heredero del Reino de Dios. Puedes haberte dado cuenta que esta misión no es fácil. De hecho, puede llegar a ser muy difícil. Sin duda, te gustaría tener algunas respuestas sobre el por qué es tan difícil.

¿Por qué puede ser tan difícil la vida?

Nos encontramos con pruebas y dificultades en nuestras misiones por tres motives principales: Primeramente, para que podamos aprender a buscar y seguir el consejo de Dios, en segundo lugar, debido al libre albedrío. Y en tercer lugar, la dificultad de la misión nos fortalece el carácter y te da lecciones.

Primero: Recuérdate de Dios

Pregúntate a ti mismo: ¿Pregarías o necesitarías un poder superior "Dios" si emprendieras una misión sin problemas? ¿Si tu camino no tuviera obstáculos, ni gente intentando apartarte del él, o sin ningún dragón tratando de destruirte, orarías? Tal vez sí, tal vez no. Encontrarnos con pruebas, desafíos y a Satanás en nuestra vida, nos anima a acercarnos y alcanzar a Dios.

Si tu búsqueda estuviera llena de caminos fáciles, cielos azules y gente buena, ¿se trataría realmente de una prueba? Para que una misión sirva para que probemos nuestra dignidad, debe ser difícil. Aunque esta misión será difícil, no significa que no podamos lograrla. Pero para vencer, debemos contactar con quién lo ha hecho antes que nosotros y con quién todo lo ve y todo lo sabe, es decir, Jesucristo y nuestro Padre Celestial.

A medida que avanzamos a través de tiempos difíciles, tenemos que aprender a amar y tener fe en nuestro Padre Celestial, sin importarnos lo que suceda en nuestro camino.

Tenemos que creer que nuestro Padre Celestial nos está cuidando y nos ayudará cada vez que se lo pidamos. Las pruebas y los desafíos están allí para acercarnos a nuestro Padre Celestial. Él quiere que le pidamos ayuda, que entendamos y utilicemos la expiación de Cristo, y que busquemos Su guía y consejo para que podamos alcanzar nuestra meta y vivir con Él otra vez.

Segundo: Libre albedrío

El libre albedrío es razón principal por la cual nuestra búsqueda está llena de dificultades. Aunque el libre albedrío es por lo que hemos luchado en la preexistencia y aunque nos lo dieron a cada uno de nosotros como un regalo, puede, a veces, frenarnos bastante en nuestra búsqueda, a veces debido a nosotros mismos, y a veces a causa de otros. Hay poder en la toma de decisiones, pero a veces puede abusarse de dicho poder.

A nuestro Padre Celestial le duele ver que sus hijos se perjudican mutuamente. Sin embargo, Él no puede retirarle el libre albedrío a nadie. Si nos quitara el libre albedrío y nos obligara a hacer lo correcto, entonces estaría siguiendo el plan de Satanás y dejaría de ser Dios. Nuestro Padre Celestial entiende que la búsqueda puede ser difícil cuando tomamos malas decisiones o cuando otras personas abusan de su libre albedrío y nos afecta. Sin embargo, Dios nos prometió que si logramos nuestra misión, a pesar de lo que nos pase, seremos recompensados.

Dios es un Dios amoroso y justo. Por lo tanto, a los que abusan de su libre albedrío y te lastimen se les impartirá justicia, ya sea en esta vida o en la siguiente. Por favor, comprende que, aunque Dios no puede quitarle el libre albedrío a un hombre y aunque Él se asegurará de que se les imparta justicia a los que abusan de él, Él nos ha dado todo lo que necesitamos para superar cualquier cosa. Cuando nos equivoquemos, porque abusamos de nuestro libre albedrío, la expiación puede absolvernos. Cuando otros se equivocan y nos lastiman, a causa de su libre albedrío, la expiación puede sanarnos.

Muchos se han preguntado por qué les suceden cosas malas a la gente buena. La mayoría de las veces se debe a la mala utilización del libre albedrío. Pero Dios es un Dios sabio, cuando otros nos lastimen, Él usará nuestras pruebas y desafíos para el aprendizaje y el crecimiento. Y porque Dios es un Dios justo, Su sistema de justicia castigará a los que abusen de su libre albedrío. Digamos que estás siendo intimidado en la escuela. Dios no le puede quitar el albedrío a tu agresor, pero puede hacerte lo suficientemente fuerte como para soportar lo que estás pasando, lo suficientemente valiente como para hablarle a alguien acerca de ello y lo suficientemente inteligente como para aprender de esta experiencia. Por otra parte, si el agresor no se arrepiente, nuestro Padre Celestial se asegurará de que paga por lo que te hizo en la próxima vida.

Aunque otros usen el libre albedrío para hacerte daño, tú tienes libre albedrío para elegir si lo que te ha sucedido va a destruir tu vida o te va a hacer más fuerte. Siempre tenemos el poder de decidir cómo actuar cuando el comportamiento de los demás nos afecta gravemente.

Pero el libre albedrío a parte de traernos problemas cuando las personas abusan de él, también nos da la oportunidad de demostrarle, a nuestro Padre Celestial que, sin importar lo que nos pase aquí en la Tierra, vamos a lograr esta misión. Cada rey o reina tiene que tomar decisiones difíciles cuando otros, en su tierra, están tomando malas decisiones o están tratando de destituirlos. Del mismo modo, esta búsqueda es para prepararnos para nuestra recompensa eterna como herederos del Reino de Dios. Tendremos que aprender a actuar cuando otros elijan imprudentemente.

> Con el poder de elegir, eres lo suficientemente fuerte y
> lo suficientemente talentoso para actuar sabiamente y
> para elegir cómo te afectarán tus pruebas y tus desafíos

Algunos de los actos realizados por otros sobre ti, abusando de su libre albedrío, probablemente han conseguido desmoralizarte. Recuerda, Dios no te habría enviado aquí a la Tierra, si no creyera que podrías superar cualquier cosa con Su ayuda. Si sientes que estás a punto de perder el control mientras escalas una montaña (pruebas difíciles) tratando de alcanzar mejores alturas, extiende tu mano y pídele a Dios que te ayude. Nuestro Padre Celestial hará todo lo posible para ayudarte, sin inmiscuirse en tu libre albedrío o en el de otros. Confía en Él y cree que Él tiene tu mejor interés en el corazón.

Nuestro Padre Celestial es muy consciente del dolor que podemos sentir por nuestras malas decisiones o por las malas decisiones de los demás. Es por eso que Él ha colocado tantas herramientas en la Tierra para que nos ayuden. Una de ellas es el escudo de la fe. Fe en que Dios impartirá justicia a los que nos dañan y en que somos lo suficientemente fuertes como para subir cualquier montaña que se nos presente. Es esencial que tengamos fe en que Dios sabe por lo que estamos pasando cuando estamos heridos y que Él nos enviará exactamente lo que necesitemos cuando se lo pidamos.

Dios se ha asegurado de que tengamos gente a nuestro alrededor que nos puede ayudar cuando nos encontremos en una situación difícil. Se ha asegurado de que seamos lo suficientemente fuertes, sobre todo con

Su ayuda, para superar cualquier cosa. Dicho esto, ten cuidado a quién culpes cuando te sucedan cosas malas, dado que tu visión pudiera estar nublada y oscurecida.

Juego de culpas

Una de las mejores herramientas de Satanás para frustrar nuestra naturaleza divina y nuestra misión individual es convencernos de jugar el juego de la culpa. Satanás quiere que nosotros culpemos a Dios por todo lo malo que nos sucede en este mundo. Él quiere que nosotros culpemos a Dios porque los demás nos están haciendo daño cuando eligen abusar de su libre albedrío. Recuerda, Dios no puede quitarle el albedrío a nadie, sin importar lo mala que sea una persona.

¡Cuidado con los ardientes dardos de mentiras de Satanás!

Es culpa de Dios

Si Satanás logra convencernos de culpar a Dios por las decisiones de los seres humanos, también nos puede convencer para sacar a Dios de la jugada. Entonces, si sacamos a Dios ¿qué pasa con nuestra misión, nuestra naturaleza divina y nuestro valor individual? También habrá que sacarlos de la jugada. El día que esto suceda, no encontraremos, sinceramente, vagando sin rumbo en un mundo oscuro.

Dejemos que Dios sea responsable de las acciones de Dios y el hombre de las acciones del hombre. No culpes a Dios por lo que el hombre ha hecho. Todos los seres humanos en la Tierra tienen la libertad de elegir ser buenos o malos. No dejes que Satanás te convenza de culpar a Dios, así que no le pidas consejos, ni busques Su guía y continúa tu búsqueda.

Si te encuentras profundamente desanimado por las acciones de otros, ora y pide ayuda a nuestro Padre Celestial. Pídele que te cure y que te ayude a superar lo malo que te ha pasado. No te encalles en el juego de la culpa. Si lo haces, nunca encontrarás una solución a tus problemas. Aunque Dios no puede quitarle el libre albedrío al hombre, Él puede ayudarnos a través de las herramientas que nos ha dado, a través del poder sanador de la expiación y ayudándonos a aprender de nuestras pruebas y desafíos.

Tercero: Desarrolla carácter y aprende lecciones

Las cosas que nos suceden en nuestra búsqueda serán siempre el producto del libre albedrío, nuestro libre albedrío y el de los demás. Por lo general, cuando nos ocurren cosas buenas, no las cuestionamos. Sin embargo, cuando nos suceden cosas malas, nos las cuestionamos. Por lo tanto, nuestro Padre Celestial no quiere que dejemos pasar las cosas cuando éstas van mal en nuestra vida. Él quiere que aprendamos de ellas. Las pruebas a las que nos enfrentamos en la Tierra sirven para nuestro aprendizaje y crecimiento. Son los obstáculos en el camino que debemos superar.

Las pruebas están seleccionadas individualmente para nosotros, para nuestro crecimiento definitivo. Los desafíos se deben a las malas decisiones de los demás. Nuestro Padre Celestial quiere que aprendamos y crezcamos a través de ambos. Tienes fortalezas y dones únicos para superar y aprender las lecciones que Dios quiere que aprendas. Otros pueden encontrar pruebas similares, pero ellos no son tú y no van a aprender la misma lección que tú.

Por ejemplo: Digamos que dos de tus amigas han sido violadas por la misma persona. (El violador fue a la cárcel.) Una de ellas aprende, con el tiempo, a perdonar y a seguir adelante. La otra también aprendió a perdonar, pero decidió asegurarse de que no les suceda a los demás. Así que diseñó un sitio web para educar a las mujeres sobre lo que debe tener en cuenta a la hora de salir. Cada una de ellas siguió adelante, pero terminó aprendiendo diferentes lecciones.

Cada prueba y desafío es único para cada uno de nosotros, al igual que las lecciones. Todo el mundo va a aprender algo diferente de sus experiencias pasadas, aunque sus experiencias podrían ser similares. No te compares con los demás cuando se trata de aprendizaje y crecimiento. Cada persona aprende y crece a una velocidad diferente y habiendo aprendido lecciones diferentes.

Al examinar el pasado y descubrir lo que has aprendido de las experiencias de tu vida, recuerda una cosa: Tu pasado está ahí para que puedas aprender, no detenerte en él. Nuestras experiencias pasadas están ahí para fortalecer nuestro carácter y para enseñarnos lecciones. Nuestro pasado no está ahí para que nos obsesionemos en él o para que nos consuma. Si vives en el pasado y en las cosas negativas que te han sucedido, te encontrarás atrapado e incapaz de moverte hacia adelante.

Examina tus experiencias pasadas y ve cómo puedes aprender de ellas para continuar adelante con tu misión. Por ejemplo, si te encuentras con unas bayas en tu camino, decides comerte los frutos y te enferman, ¿no decidirás, la próxima vez, evitar este tipo de bayas)? Igualmente, Dios quiere que aprendamos de nuestros errores, pruebas y desafíos para hacernos más sabios para el siguiente obstáculo de la misión.

Ninguna prueba ni desafío es un desperdicio con Dios. Tanto si se trata de nuestras propias pruebas, cómo si son desafíos, resultado de las decisiones de otros, Dios puede usarlos para nuestro beneficio si Se lo permitimos. Tienes todo el poder para decidir qué hacer con tus experiencias y desafíos. Pregúntate a ti mismo la próxima vez que te encuentres con una prueba. *¿Voy a aprender de esto o voy a dejar que me nuble mi visión de Dios y de mi mismo?*

La misma lección, un momento diferente

Te animo a que le pidas a nuestro Padre Celestial que te haga más fuerte y que desarrolles más carácter a través de tus pruebas. Si te encuentras siempre preguntándote "¿Por qué yo?" en lugar de "¿Qué puedo aprender de esto?" te quedarás atascado. La pregunta "¿Por qué yo?", hará que camines en círculos en tu búsqueda y terminarás en el mismo lugar que empezaste, sin haber hecho ningún progreso. El problema continuará apareciendo en tu vida. Digamos que te encuentras siempre saliendo con el mismo tipo de hombre abusivo, una y otra vez, y no entiendes por qué. ¿Es porque no has aprendido a reconocer un hombre abusivo o porque crees que no eres una persona digna de algo mejor?

Si te encuentras con el mismo problema una y otra vez, tu problema nunca desaparecerá hasta que lo afrontes, lo superes y aprendas de él. Los problemas de la vida se van, o son más fáciles de aceptar, cuando aprendemos la lección. Nuestras pruebas sirven para que aprendamos y crezcamos. Es la mejor manera que Dios tiene para probarnos, para ver si lo escogeríamos a Él y si seríamos dignos de ser herederos en Su Reino.

Es importante usar tus fortalezas, tus talentos y las oraciones para superar los obstáculos a los que te enfrentas, para que no se repitan otra vez. Deja que las lecciones de la vida fortalezcan tu carácter, para que te vuelvas más fuerte para la siguiente prueba que Dios te tiene preparada. Dios usa nuestras pruebas como pilares fundamentales de cosas mejores, como convertirnos en herederos de Su Reino. Recuerda, tus pruebas fueron seleccionadas para ti, para tu aprendizaje y tu crecimiento definitivo. Las aceptaste en la preexistencia.

Perspectiva en tú aceptación

Puede ser difícil para ti creer que aceptaras, en la preexistencia, pasar por estas pruebas en tu vida. Si supieras que lo hiciste, ¿No te daría eso la oportunidad de cambiar, aceptar y ser feliz en esta vida, sin importar que pase? Cambiar tu perspectiva sobre tu familia, las pruebas, los desafíos y las debilidades puede te puede ayudar a tener más poder sobre cómo gestionarlos.

Digamos que tenías un sueño sobre tu futura esposa y que supieras que el sueño se iba a realizar. ¿No te daría eso la confianza para ganarte su corazón cuando finalmente la encontraras?

El concepto es el mismo. Si supiéramos que aceptamos nuestras pruebas antes de venir a la Tierra y que Dios nos dio lo que necesitaríamos para superar dichas pruebas ¿no te daría esto la fuerza y la confianza para lograr tu misión, sin importar lo que pasara?

Considera cada reto como un peldaño. Considera las pruebas como cosas de las que puedes aprender y una razón por la que acercarte a Dios. Digamos que mientras estabas en la preexistencia, estabas observando a otros enfrentándose a sus obstáculos en la Tierra. Viste a alguien subir una montaña. Mientras veías a esta persona subir (por ejemplo, el cáncer), supiste que tú podrías subir la misma montaña. Sabías que ese tipo de prueba era algo que tú también podrías gestionar.

Entonces, si creyeras que puedes escalar una montaña, superar el cáncer, ¿no te daría eso la confianza para superar esa tarea aquí en la Tierra?

Creyendo que podemos superar las pruebas que nos han sido colocadas ante nosotros, ya hemos ganado la mitad de la batalla. Nuestra creencia nos dará poder para derrotar al dragón que intenta cruzarse en nuestro camino. Si pudieras cambiar tu perspectiva y aceptar que tu escogiste estas pruebas, ¿cuánto más confiado y poderoso serías en tu vida? Si puedes cambiar tu perspectiva, eres capaz de cambiar cómo superar las cosas.

Las pruebas por sí mismas no te definen. Lo que te define es como actúas en esas circunstancias a las que te enfrentas. Si cambias tu perspectiva sobre las pruebas, entonces, serán más fáciles de superar y de aprender de ellas. La próxima vez que una prueba o un desafío se cruce en tu camino, míralo con perspectiva, como si ya lo hubieras superado antes. La perspectiva nos brinda poder y el poder nos lleva al éxito.

Sé fuerte. Sé devoto. Usa tus talentos, tus fortalezas, la armadura de Dios y la perspectiva para superar cualquier obstáculo en tu búsqueda.

La Armadura
de
Dios

...SIOS 6:11

REVÍSTANSE CON TODA LA
ARMADURA DE DIOS PARA QUE
PUEDAN ESTAR FIRMES CONTRA LAS
INSIDIAS DEL DIABLO."

Nuestro Padre Celestial es sabio y todopoderoso. Él sabe cuando tus pruebas son demasiado para que las puedas gestionar solo. Por eso, puede mandarte ayuda a través de otra persona o a través de un milagro. Los milagros todavía se llevan a cabo todos los días para el beneficio y el uso del hombre.

🛡 Milagros

La historia que compartí en el prefacio está llena de milagros. La única manera cómo hubiera podido lograr mi misión de vivir con mi padre, era a través de la intervención divina. Los milagros tienen lugar alrededor de nosotros. Aunque cada uno de nosotros tengamos la fuerza para superar nuestras propias pruebas, Dios puede hacer y hará milagros cuando los necesitemos. Un milagro es un evento atribuido a la intervención divina, un acto que no puede ser explicado o algo que fue hecho tan perfectamente que solo pudiera haber venido de Dios.

Los milagros, grandes o pequeños, suceden por diferentes motivos. Dios hace milagros para la raza humana, a través de aquellos a los que Él ha llamado para llevar a cabo Su trabajo y Sus enseñanzas (es decir, Su evangelio). Los milagros también tienen lugar a través de la inspiración, para el progreso del hombre (por ejemplo, la penicilina). Y los milagros pueden llegarles a los que están tratando de hacer lo que está bien y necesitan intervención divina.

Hoy en día se necesitan más milagros que nunca, debido al mundo en que vivimos. La misión que tenemos que superar en el siglo XXI tiene nieblas más oscuras, un dragón más fuerte, cadenas más duras que cortar, terrenos más difíciles, mapas más confusos. Satanás está ganando más control sobre las personas, a través de sus malas decisiones, ahora más que nunca antes. Él es ahora el titiritero de muchas personas debido a la pornografía, el alcohol, las drogas, etc. Como resultado, muchas personas están dejando que Satanás les ayude a tomar sus decisiones, abusando de su libre albedrío e hiriendo a otros profundamente.

El abuso

El abuso a los niños y a los jóvenes es más frecuente ahora que nunca. Los milagros son necesarios ahora más que nunca, sobre todo para aquellos que sienten que no son lo suficientemente fuertes como para superar el abuso que están sufriendo.

Si eres víctima de abuso por parte de la familia, de la familia lejana (es decir, padrastros o hermanastros), o por parte de otras personas, debes hablarlo. Nadie merece ser tocado inapropiadamente, golpeado físicamente, o sufrir violencia verbal. Quiero compartir con ustedes lo que Jesucristo piensa sobre el abuso a los jóvenes. Dice en Mateo 18:06: "Pero al que haga pecar a uno de estos pequeñitos que creen en Mí, mejor le sería que le colgaran al cuello una piedra de molino de las que mueve un asno, y que se ahogara en lo profundo del mar." En otras palabras, a quien perjudique a uno de Sus hijos pequeños, le iría mejor no haber nacido.

Si Jesucristo tiene estos sentimientos tan fuertes sobre las personas que abusan de los demás, deja que esto te de fuerza para actuar en tu mejor interés. Sé fuerte y valiente. Cuéntaselo a alguien si eres víctima de abuso. Acércate a alguien en quien puedas confiar y dile lo que te está pasando. Nunca recibirás la ayuda que te mereces si no hablas sobre el abuso. No tengas miedo. Pídele a nuestro Padre Celestial un milagro para que te ayude a salir de la situación de abuso.

Nuestro Padre Celestial te ayudará y te enviará un milagro cuando sea el momento adecuado, si lo pides. Él te ama mucho. Le duele profundamente cuando sus hijos hacen un mal uso de su albedrío y se dañan entre sí. No dejes que Satanás te convenza de que Dios te ha abandonado. Ora y haz tu parte en la búsqueda de alivio de este abuso, buscando a alguien que te pueda ayudar. Eres lo suficientemente fuerte. Cree en ti mismo y ahórrate el dolor futuro hablando de ello hoy mismo.

Espero que tu búsqueda de respuestas se haya saciado. A cada uno de nosotros se le dio el don del libre albedrío. No todos lo usarán sabiamente. Puedes elegir cómo vas a actuar o reaccionar en caso de que otros utilicen su libre albedrío contra ti. Se te ha dado la fuerza, las herramientas y las oportunidades para aprender y crecer como resultado de cualquier desafío o prueba que se te presente. Cambia tu perspectiva sobre tus pruebas y confía en que, con la ayuda de nuestro Padre Celestial, puedes superar cualquier cosa, de modo que podrás regresar a casa y recibir tu recompensa.

Tú búsqueda de respuestas

Inicia la búsqueda de respuestas escribiendo lo agradecido que estás de tener libre albedrío. Piensa en un momento en que fuiste obligado a hacer algo. ¿Cómo te hizo sentir eso? A continuación, escribe las buenas decisiones que has tomado y cómo te sentiste después de haberlo hecho.

Tu segunda misión es escribir las pruebas y los desafíos a los que te has enfrentado. ¿Te están acercando o alejando de Dios? Si te están alejando, ¿por qué? ¿Culpas a Dios por las elecciones que otros han hecho y que te han dañado? Si es así, te animo a que dejes de culpar a Dios y empieces a pedirle que te ayude. Pídele a Jesucristo que empiece a curarte.

A continuación, escribe las pruebas que hayas superado y cuélgalo en algún lugar donde lo puedas leer todos los días. Esto te dará fuerza cuando te sientas desanimado.

Tu tercera misión es escribir lo que has aprendido de tus experiencias pasadas y la forma en que te hicieron más fuerte. A continuación, escribe las experiencias de tu pasado que todavía te mortifican. Piensa en cómo puedes aprender de ellas, para que puedas seguir adelante.

Tu última búsqueda de respuestas es para aquellos que están siendo abusados. Anota los nombres de las personas en tu vida que te puedan ayudar a salir de la situación de abuso. Entonces quiero que ores por un milagro y vayas a hablar con uno de ellos hoy mismo.

Eres lo suficientemente fuerte para tus pruebas

Dios no puede quitarle el libre albedrío a nadie

Tienes el poder de elegir con perspectiva

Los milagros no han cesado

La búsqueda de la libertad y la sanación

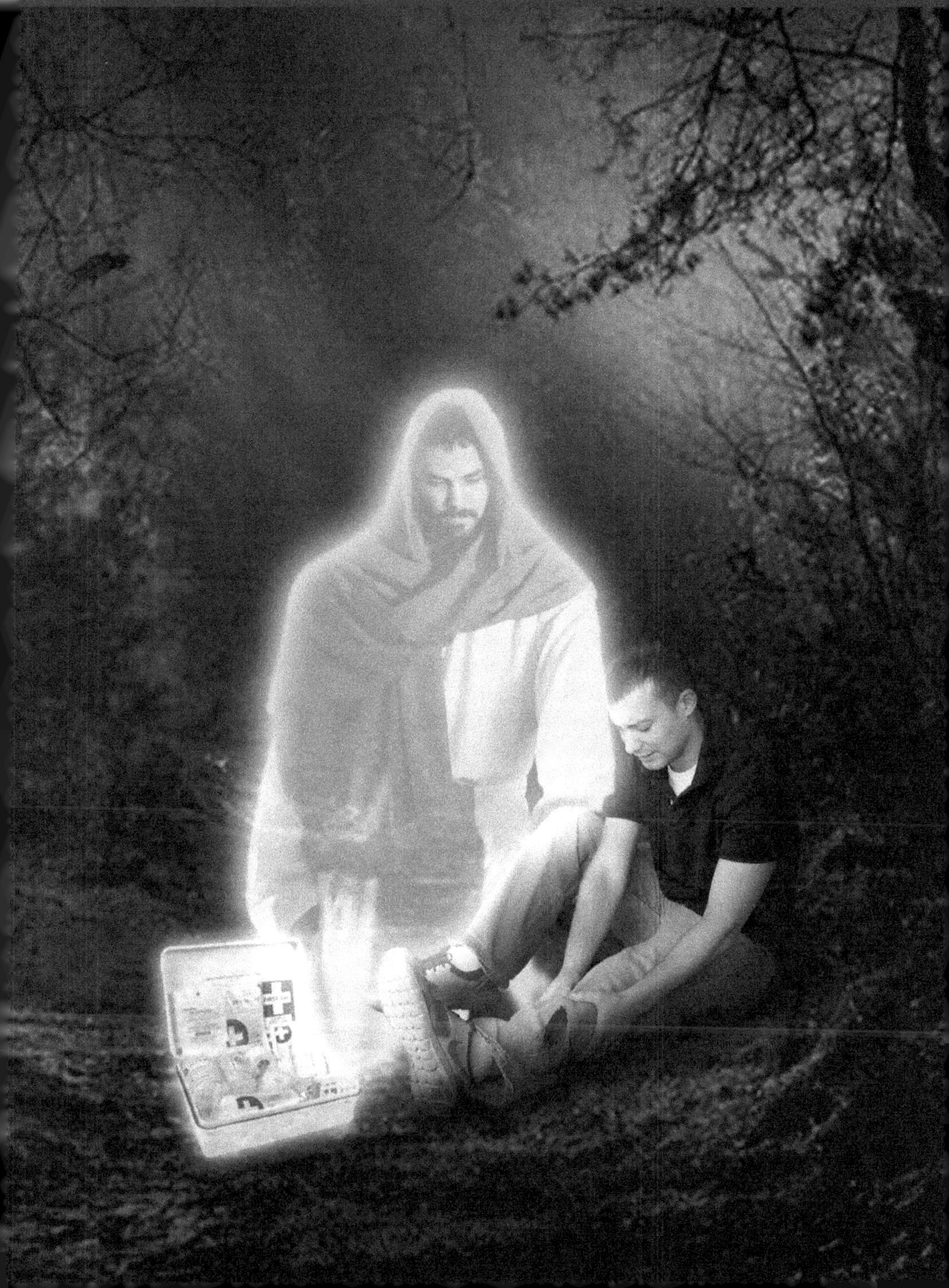

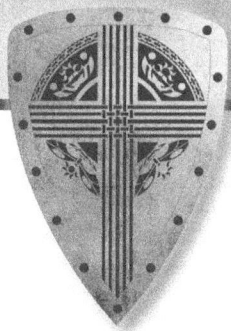

CAPÍTULO 5

La búsqueda de la libertad y la sanación

Descubre el poder del perdón

¿Qué implica la búsqueda de la libertad? ¿No tenemos ya nuestra libertad de elección? Tienes libertad de elección, al igual que otros que puedan lastimarte intencionalmente, o no. La libertad a la que me refiero ahora es a la libertad respecto la oscuridad que nubla nuestras mentes cuando no perdonamos a alguien que nos ha lastimado. Nuestro Padre Celestial no puede arrebatarle a nadie su libre albedrío, ni siquiera a aquellos que te lastiman. Pero Él puede ofrecerte un camino para liberarte de la ira, el daño y la desesperanza.

El don todopoderoso que te puede curar cuando otros te han herido es el perdón. El poder del perdón puede cambiarlo todo.

Puedes cambiar tu visión sobre tu futuro, tus sentimientos sobre el presente y tu perspectiva del pasado. Cuando perdonas a alguien por sus acciones que te causaron daño, tienes el poder de hacer desvanecer todos tus sentimientos negativos hacia ellos (por ejemplo, la ira, el resentimiento, el dolor, el abandono, el odio, la venganza.)

¿Alguna vez te has enojado con alguien y esta persona no tenía ni idea de ello? Y esa ira se multiplicó en tu interior, pero no estaba afectando a la otra persona en lo más mínimo. O, déjame darte un ejemplo más cercano.

Digamos que estás enfadado con tu padre por abandonar a la familia. ¿A quién destruye esa ira? ¿Para quién es esa ira que se te está multiplicando día tras día hasta que te consume? Para ti. El padre, especialmente si no sabe que estás enfadado con él, probablemente no se ve afectado por sus propias acciones dañinas.

El hecho de no perdonar duele y afecta sobre todo a quien no perdona. Puede que quieras pensar que estando enfadado con alguien, porque esta persona te hizo daño, también le dañarás de alguna manera. Generalmente no funciona así. Los sentimientos y las emociones negativas que conlleva la falta de perdón siempre te afectarán a ti más de lo que jamás le podrían afectar a otro.

La falta de perdón

No perdonar en tu vida puede hacerte más daño a ti ahora y en el futuro de lo que podría hacértelo cualquier otro acto. ¿Cómo? La falta de perdón es la principal raíz de muchos, si no todos, los pensamientos, sentimientos y emociones negativas. A todos y cada uno de nosotros nos suceden cosas malas en algún momento. Aquellos que no perdonan a la persona que los ha perjudicado se encontrarán con que las consecuencias de las emociones negativas conllevan más oscuridad que el propio hecho en sí.

Cuando permitimos que la falta de perdón cree oscuras tinieblas (ira, odio) en nuestro camino a casa, le estamos dando permiso a Satanás para que nos ayude a tomar nuestras decisiones acerca de lo que vamos a hacer con estos sentimientos y emociones negativas. Por ejemplo, mientras caminas a lo largo de tu camino, te encuentras con otro que te hace un profundo daño (una violación). Al permitir que la falta de perdón consuma tus pensamientos, sentimientos y emociones, te convences a ti mismo de rebelarte contra aquellos que sólo están tratando de ayudarte a hacer frente a esta montaña vertical. Al intentar escalar esta montaña solo, mientras la ira te está cegando, te caes. Como resultado, esta falta de perdón trajo sentimientos y resultados negativos que finalmente causaron más daño.

Otro ejemplo, si estás realmente enfadado porque tus padres se divorciaron y sientes que tienes todo el derecho a rebelarte contra ellos y volverte imprudente en tu vida, ¿a quién hace daño esto? Si estás participando en actividades ilegales a causa de tu rebelión y te pillan, ¿quién va a la cárcel? No son tus padres. Eres tú. Por otro lado, si perdonaras a tus padres por sus malas decisiones y aprendieras de sus errores, serías libre de tener la vida que quisieras. El perdón conlleva libertad, no sólo la libertad de las emociones y los sentimientos negativos del presente, sino también la libertad de Satanás que intenta ser el titiritero de tu vida debido a las circunstancias negativas.

¡Cuidado con los ardientes dardos de mentiras de Satanás!

El perdón es para los débiles. La venganza es para los fuertes.

Otro tipo de reacción que tiene lugar por no haber perdonado un acto dañino de otra persona es la venganza. Digamos que has sido herido profundamente por alguien en tu vida y debido a todos los pensamientos y sentimientos negativos que consumen tu vida en este momento, Satanás te convence para que busques venganza. El día que decidas que la venganza es la mejor manera de actuar contra la persona que te ha hecho daño, será el día en que te conviertas en una marioneta en manos de Satanás. Y cuando Satanás se convierta en tu titiritero, no sólo te ayudará a destruir tu vida, sino también la vida de la otra persona. Como resultado, habrá destruido las misiones de dos personas por el precio de una.

Es importante ser liberado de la falta de perdón para completar tu misión con éxito. Te puedes preguntar, ¿qué pasa con el que me violó o me dio una paliza o me hizo adicto a la metanfetamina, todavía debo perdonarlos? Por supuesto. Una vez que hayas reportado estas actividades ilegales a las autoridades, es absolutamente necesario que los perdones y que dejes que la ley de la tierra imparta justicia. Si esto no funciona, deja que la justicia de Dios sea impartida. Si no perdonamos a los que nos han hecho daño, entonces nuestros corazones y nuestras mentes se llenarán de ira, de odio, de venganza y de desesperanza. Nos consumiría y oscurecería nuestro camino de vuelta.

La falta de perdón produce pensamientos negativos e improductivos que pueden hacer y harán que nuestros corazones se llenen de odio, de resentimiento y de ira, los cuales nos pueden consumir. Estos sentimientos negativos afectarán nuestras relaciones actuales, cómo vemos el mundo y, en definitiva, nuestra vida.

Digamos que te das cuentas que no te gustan los hombres, o que no confías en ellos, pero no tienes ni idea de por qué. Pregúntate a ti misma: ¿Estás enojada con tu padre? ¿Estás resentida porque abandonó la familia? ¿Le duele a tu madre? ¿Le has perdonado ya? La falta de perdón siempre afectará otras áreas de nuestra vida, dado que crea una niebla oscura en nuestro camino a casa. Satanás tratará de convencernos de que la ira hacia otra persona, como nuestro padre, no afectará a otras áreas de nuestra vida. Por lo tanto, puedes pensar que sentir rencor contra tu padre no es un gran problema. Pero a juzgar por los resultados de no confiar en los hombres, ahora tal vez lo sea.

Es muy importante perdonar a todos los que nos ha hecho daño. La falta de perdón será como una mala hierba que puede desplazar otras cosas bellas de la vida (es decir, las relaciones cercanas). Las relaciones problemáticas son sólo el comienzo de lo que la falta de perdón puede hacer en nuestras vidas. También tiene una manera de nublar nuestra visión de la realidad. En realidad, nuestro dolor nunca se irá hasta que perdonamos.

¿Quién tiene el control?

Cuando dejamos que la falta de perdón cree tinieblas en nuestro camino a casa, esto puede frustrar en gran medida nuestros esfuerzos de tener éxito en nuestra misión. Como resultado, dejamos que Satanás y los demás controlen nuestro futuro. Las acciones de otra persona tienen el potencial de detener nuestro progreso. Imaginemos que has sido herido profundamente (por ejemplo, te han golpeado), y no vas a olvidarlo perdonando al abusador. ¿Quién tiene el control?

El abusador tiene el control. Si no perdonas a quién te ha hecho daño, la ira puede hacerse cargo de tu vida. Te puede controlar a ti, tus pensamientos, tus sentimientos, tu punto de vista y, en última instancia, tu vida. ¿Quieres dar ese poder otra vez al abusador reviviendo la experiencia y no perdonándole? Cuando no perdonamos a los demás por sus acciones dañinas, estamos dando nuestro poder a Satanás y a la persona que nos hizo daño. La decisión es tuya. ¿Quieres que Satanás controle tu vida a través de la falta de perdón?

El resentimiento, la ira y el odio causados por la falta de perdón pueden crear tinieblas en nuestro camino a casa. Esas tinieblas pueden llevarnos a caminos autodestructivos. Como resultado de la oscuridad algunos intentarán hacer lo que puedan para enmascarar el dolor de la falta del perdón. Las máscaras pueden tener forma de drogas, alcohol, pornografía, suicidio y sexo prematrimonial. Que no te engañe Satanás. El te hará creer que esas actividades van a aliviarte del dolor. Pero no lo harán. Siguiendo este camino, estas actividades solo harán que empeore el dolor cediéndole nuestro futuro a Satanás.

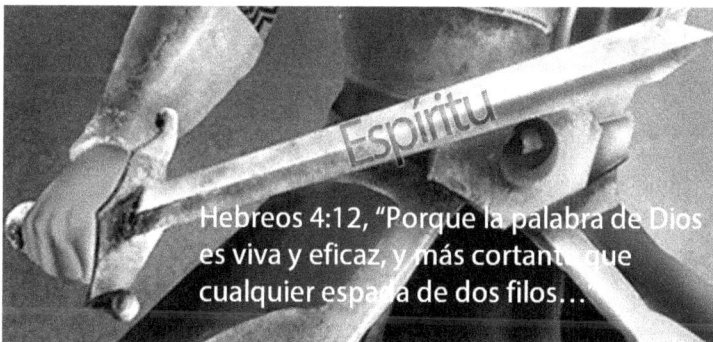

Hebreos 4:12, "Porque la palabra de Dios es viva y eficaz, y más cortante que cualquier espada de dos filos…"

Usa la Espada del Espíritu en contra de las mentiras que Satanás te está contando. El Espíritu puede enseñarte y te enseñará lo que está bien y lo que está mal en tu vida. Como resultado, el Espíritu te ayudará a sanarte de ese dolor que estás sufriendo manteniendo el poder de decidir en ti.

Cada vez que Satanás intente convertirse en tu titiritero a través de la ira, el miedo y el odio, recuerda que debes usar las verdades que sabes que son verdad (por ejemplo, el amor, el perdón y la paz) para cortar las cuerdas que Satanás intenta amarrar a tu alma.

El perdón de guiará a la sanación. La sanación te salvará en tu camino de regreso a casa. El perdón es la clave para conducirnos a nosotros mismos desde la oscuridad a nuestro camino y para mantenernos fuertes para los obstáculos futuros. El Señor cree que el perdón es tan importante para nuestro bienestar que lo hizo un mandamiento, como se explica en Mateo 18:21-22, "Entonces acercándose Pedro, preguntó a Jesús: "Señor, ¿cuántas veces pecará mi hermano contra mí que yo haya de perdonarlo? ¿Hasta siete veces?" 22. Jesús le contestó: "No te digo hasta siete veces, sino hasta setenta veces siete.""" ¿Por qué crees que es un mandamiento de Dios? Porque este mandamiento es para nosotros, no para la otra persona. Dios sabe que la falta de perdón nublará nuestra vista y nos tentará para alejarnos del camino. Mientras que el perdón nos aportará cielos claros, músculos más fuertes y una visión más aguda en nuestro camino de regreso a casa.

Perdón y sanación

Para explicar cómo es de necesario el perdón en nuestra misión de regreso a la casa, quiero usar, como ejemplo, el hecho de estar herido durante nuestro viaje. Imagínate, por un momento, que estás en esta misión. En el camino que estás tomando, ves árboles de los dos lados. El terreno es un poco difícil (padres divorciados), pero no es nada que no puedas gestionar. Y mientras sigues avanzando, disfrutando de la vida, alguien sale de la nada y te clava un cuchillo en la pierna (eres abusado). Entonces él se va y te deja allí, sangrando, en tu dolor. ¿Qué harías?

La tirita del tiempo

Si escoges el perdón, tu primer paso es ponerte una tirita en la herida. Una tirita representa el tiempo. El tiempo es el paso necesario cuando hemos sido heridos por otros. Toma tiempo aprender a perdonar, para controlar nuestros pensamientos y sentimientos negativos, para buscar consejo cuando lo necesites y para ver las cosas con más claridad que en el momento en que fuimos atacados. Con el tiempo, te darás cuenta que la tirita del tiempo habrá hecho su trabajo para frenar el sangrado (por ejemplo, la ira, el daño, el dolor). Pero el perdón empieza cuando te quitas la tirita y permites que el aire haga magia en la herida. Este paso es difícil. La acción de quitar la tirita puede ser tan dolorosa como la herida misma (el perdón, a veces, puede ser muy difícil).

El aire de la oración

El aire cura cualquier herida completamente. Sin este paso, la herida se mantendría húmeda y susceptible de infección. La oración, como el aire, es un paso necesario para un completo perdón. Cuando empieces a perdonar a los que te han dañado, verás que se vuelve más fácil perdonar si oras por ellos. Pídele a tu Padre Celestial que te ayude a perdonarlos. Te darás cuenta, cuando ores por aquellos que te han dañado, que Dios puede transformar y transformará todos los sentimientos negativos que tienes hacia ellos. Cuando ores por ellos, Dios te ayudará a convertir la ira en compasión, el odio en pena, la venganza en caridad y la infección en sanación.

La costra del perdón

Después de haber usado la tirita del tiempo y el aire de la oración, te darás cuenta que la costra del perdón es la fase final de la sanación. Cuando se forma una costra, se crea una cáscara encima de la herida, protegiéndola de futuras infecciones y sangrados. Igualmente, el perdón y la oración protegen a la persona dañada contra la infección de la ira, la venganza y la desesperación. Cuando realmente queremos perdonar a alguien, la costra se caerá, permitiendo que todos los otros sentimientos negativos caigan con ella. Te darás cuenta que la paz ha reemplazado la ira, la compasión el odio y la pena la venganza. Solo cuando has perdonado completamente a alguien, serás completamente libre de cualquier infección futura.

La cicatriz del logro

Puede que, en alguna ocasión, te encuentres que una vez la costra se ha caído, queda una cicatriz. No veas eso como una mala cosa. La cicatriz nos recuerda nuestro logro al haber perdonado a esa persona y habernos enseñado una valiosa lección. Si tu herida fue el resultado de un descuido (no hacer caso a los sentimientos de alerta), siempre que veas esa cicatriz, te recordará que debes ser más consciente de los sentimientos de alerta la próxima vez. Cuando aprendas a usar las cicatrices de los logros como lecciones valiosas, vas a encontrar la paz más rápidamente porque ahora serás más sabio.

La infección

Si te obsesionas (falta de perdón) en lo que te sucedió (picoteas la costra), nunca lograrás curarte completamente. En lugar de ello, tendrás una herida abierta que te va a molestar durante el resto de tu misión. De hecho, si la herida se infecta con ira, odio y venganza, sufrirás más dolor que con el propio hecho (por ejemplo, ser violada y dejar que eso te consuma toda tu vida). Si no vendas tu herida de arma blanca y aún así intentas seguir tu camino a casa, ¿hasta dónde crees que vas a llegar antes de morir desangrado?

Ten cuidado hasta qué punto llevas la falta de perdón. Tiene el potencial de hacer más daño que el hecho en sí (destruir tu vida desangrándote hasta la muerte). Si te das cuenta que no eres capaz de detener la hemorragia (la ira) por tu cuenta y necesitas ayuda para quitarte la tirita (perdón), busca un médico (es decir, los padres, familiares, amigos, maestros, compañeros, un terapeuta). Permite que le ayuden a encontrar la cura que te mereces. Será muy difícil, si no imposible, llegar a casa, si no vendamos nuestras heridas con el perdón.

El perdón puede desatar el poder de sanación, sin importar lo que te haya sucedido durante tu misión. El perdón puede arreglar todas las cosas que se hayan roto: hogares rotos, relaciones rotas, corazones rotos, esperanzas rotas, la confianza rota y el espejo roto (tú).

Perdón y comunicación

La oración

El perdón no es siempre fácil. En realidad, la mayor parte del tiempo, puede ser muy difícil. Algunos de vosotros podéis haber sufrido algunas experiencias muy horribles. Tales experiencias pueden hacer que os sintáis con derecho a estar realmente enojados y a comportaros mal, sobre todo si hubo abuso involucrado. Tales actos que parecen imperdonables y todavía causan dolor, requerirán la ayuda de nuestro Padre Celestial y de Su Hijo, Jesucristo.

Nuestro Padre Celestial le dio al hombre su libre albedrío. Sin embargo, Él no nos lo dio para abusar de ello. El acto de perdonar a los que abusan de él, comienza con el uso del acto de Jesucristo y el poder sanador de la expiación. Cuando perdonamos a los que nos han hecho daño, también es necesario orar y pedirle a nuestro Padre Celestial que nos sane. La expiación de Cristo puede sanar todas las heridas, sin importar su gravedad. Sin embargo, debemos orar y pedir Su bálsamo curativo.

Por ejemplo, es necesario que cuando nos hemos herido profundamente, como ser apuñalado, o bien nos pongamos un ungüento en la herida o tomemos algún medicamento antibacteriano para asegurar la curación completa. El hecho de poner tiritas en las heridas, de quitárselas, de permitir la formación de una costra y que resulte en una cicatriz, depende de nosotros. Pero quien tiene el ungüento curativo o la medicina es Jesucristo. Él puede asegurar la curación completa de cualquier herida que recibimos durante nuestra búsqueda a través de la expiación. Jesucristo es nuestro doctor definitivo.

La comunicación con otros

No sólo es extremadamente importante comunicarse con Dios cuando te han herido o cuando las cosas van mal en tu vida, sino que también es necesario comunicarte con los demás, si nos han hecho daño o si necesitamos ayuda. Hablar con otra persona cuando nos han hecho daño Puede ser difícil y a veces puede dar un poco de miedo. Podemos pensar que, de alguna manera, es nuestra culpa y que vamos a tener problemas. Tal vez no queramos volver a vivir la experiencia hablando de ello.

Si quieres iniciar el proceso de perdón, debes comunicarte con alguien cuando alguien te ha hecho daño, especialmente si se trata de una herida profunda (es decir, si has sido abusado, golpeado, agredido verbalmente...). Si no puedes empezar a hablar de lo que te ha sucedido, entonces la herida siempre será susceptible a la infección y de apartarte del camino. La curación comienza por desahogarte a través de la comunicación. Es importante tomar notas durante la comunicación, si la herida es profunda, habla con alguien que pueda ayudarte. Si la herida es pequeña, trata de hablar con la persona que te hizo daño (el chisme puede ser incluso más perjudicial para ti y la otra persona que mantenerlo entre vosotros).

Abuso y Secretos

La comunicación es vital en caso de estar implicado el abuso. Si mantienes secretos de naturaleza dañina, sin importar el motivo, te destruirán a ti y posiblemente a otros. Por ejemplo, si has sido abusada sexualmente por un tío y no se lo dices a nadie, ese mismo tío podría estar haciendo lo mismo a otras personas de tu familia. Guardar secretos dañinos nunca está en tu mejor interés. Puede provocarte graves daños a ti y a otros.

Guardar secretos sobre abusos te conllevará no sólo a la falta de perdón, sino que también comenzará a controlar tu vida, a dictar las decisiones que tomes y, finalmente, a moldear tu futuro. ¿De verdad quieres que lo que te ha pasado controle el resto de tu vida? Si no comunicas el abuso a alguien que pueda ayudarte, te resultará casi imposible perdonar al perpetrador. Y si no puedes encontrar una manera de perdonarlo/ la, entonces esa persona que te causó daño habrá hecho que Satanás gane una victoria o que te mantenga apartado del camino de vuelta a casa. Este hecho va a consumir tus pensamientos, sentimientos y, en definitiva, tu misión.

Busca la ayuda de los demás para superar los sentimientos negativos que se están apoderando de tu vida. Si estás siendo acosado, abusado, golpeado, o sufriendo cualquier otro acto que está consumiendo tus pensamientos con depresión, violencia, suicidio, habla con alguien. ¿Cómo van a saber a los demás que necesitas ayuda si no se lo dices? Dile algo a un adulto de confianza. Empieza hablando con alguien hoy para poder retomar el control de tu vida.

MANTÉN el control de tu vida.
Detén el control que tienen sobre ti,
Explícale a alguien los secretos que te destruyen,
Actúa ahora para salvar a otros de la misma suerte,
Ríndete ante el poder del perdón.

El perdón y los padres

Filtrar y perdonar

Todo el mundo tiene padres y la mayoría de los niños parecen pensar que sus padres deben ser perfectos. Los padres están tratando de sobrevivir, ellos mismos, en este mundo oscuro y triste, mientras se encuentran en su propia búsqueda. No se les dieron instrucciones sobre qué hacer cuando tú cometes errores, cuándo pedir perdón cuando ellos han cometido errores, o qué hacer cuando surgen problemas. Por lo tanto, deja que ellos sean responsables de sus propias decisiones. Perdónalos y sé responsable de tus propios errores.

Mi búsqueda de la libertad

Cuando yo era niña, mi madre estaba tan dolida y enfadada con mi padre por divorciarse de ella que, cuando él venía a visitarnos cada seis semanas, mi mamá nos decía lo malo era, lo insultaba y nos rogaba que no nos fuéramos. Mi mamá era mentalmente ciega con todos y todo a su alrededor. Estaba tan absorbida en su propio dolor que mentalmente no podía ver lo que nos estaba haciendo a nosotros, los niños, al hablar mal de nuestro padre.

Había momentos en los que nos decía: "No puedo creer que estéis eligiendo ir con él. Me estáis traicionando". Al principio, cuando mi madre hablaba constantemente mal de mi padre, me afectaba. Pero, después de un tiempo, me di cuenta de que estaban hablando sus sentimientos dolidos y no tenía nada que ver conmigo. Me recordaba a mí misma que esos sentimientos eran sus sentimientos y no los míos.

Después de dar un paso atrás, tuve la oportunidad de empezar a perdonar a mi madre por proyectar su dolor en mí. Dejé de permitir que sus tinieblas de la falta de perdón consumieran mi camino.

Perdónalos

Perdonar a nuestros padres nos ayudará a separar el dolor de lo que ellos realmente son y de sus acciones. Esto nos permite filtrar sus palabras, perdonar más fácilmente y continuar nuestra búsqueda.

Si una de estas opciones que tus padres tomaron fue el divorcio, es muy importante que filtres lo que dicen. Por ejemplo: si uno de ellos te pide que odies al otro o que lo quieras más, aprende a filtrarlo y a hacer caso omiso. Sólo haz un paso atrás, ten compasión por ellos y dite a ti mismo: Debes estar sufriendo todavía mucho dolor para que trates de convencerme de que los odie tanto como tú los odias.

A veces, puede que tengamos que perdonar a nuestros padres sólo por el hecho de que ellos también tienen que completar su misión. En su misión, ellos pueden encontrarse consumidos en tinieblas. Y como resultado, están vagando sin rumbo, aferrándose a lo que sea para sobrevivir.

Su vida, sus opiniones

Si tus padres están vagando en sus propias tinieblas, es muy importante que no permitas que estas tinieblas invadan tu búsqueda. Por ejemplo, si tu madre se divorcia de tu padre y está constantemente hablando de cómo odia a los hombres, a causa de un solo hombre, ¿sus puntos de vista han de ser los tuyos? No. No es así. Eso es como decir que tu madre va a su restaurante favorito y sufre intoxicación alimentaria. ¿Eso significa que tú nunca más saldrás cenar fuera? Es lo mismo. Tu madre tuvo una mala experiencia con un hombre y, aunque puede nublar su juicio sobre todos los hombres en este momento (por ejemplo, jurando que nunca más va a comer fuera de nuevo), asegúrate de no dejar que te nuble el tuyo para siempre.

Si permitimos que las nieblas negativas de nuestros padres se deslicen hasta nuestro propio camino, van a afectar nuestra capacidad de tomar decisiones sabias. Por ejemplo, si tu madre finalmente supera el odio a los hombres y se casa con un hombre maravilloso, pero tú adoptaste sus puntos de vista sobre odiar a los hombres cuando eras niña, entonces, ¿qué pasará cuando empieces a salir? ¿Te gustarán los hombres? Es mejor perdonar a nuestros padres, crear nuestras propias visiones del mundo y tratar de mantener nuestros cielos azules, para que no tengamos que deshacer la negatividad de los demás después.

Ámalos, pase lo que pase

Puede que no siempre nos gusten las decisiones de nuestros padres-sobre todo si nos afectan negativamente. Sin embargo, siempre podemos decidir amarlos, no importa lo que pase. Dios nos ordenó que amáramos y honráramos a nuestros padres.

¿Por qué haría esto si Él sabía que se iban a equivocar y que posiblemente afectarían negativamente nuestra vida? Porque Dios sabe por lo que ellos están pasando. Sólo Él juzgará sus acciones. No perdonarlos, ni amarlos a pesar de sus decisiones, puede afectarnos negativamente (es decir, modelar nuestra vida según la de ellos-negativamente).

Los padres son humanos, y por lo tanto no se puede esperar de ellos que sean perfectos. Como madre, ahora, me equivoco muchas veces debido a la forma en que me crié. Espero que mis hijos me perdonen mis errores y que hagan un mejor trabajo en un futuro del que yo estoy haciendo. Los padres también están siendo tentados por Satanás. Muéstrales bondad, como la que te gustaría que te mostraran si estuvieras pasando por las mismas dificultades que ellos. Nuestra lucha es en contra Satanás, no entre nosotros. Recuerda, tú elegiste a sus padres en la preexistencia por una razón. Ellos están aquí o bien para ayudarte o para que tu les ayudes, o ambos. Sé el guerrero de la luz para ellos, sobre todo si ellos no son capaces de hacerlo por ti en este momento.

Perdónate a ti mismo

Durante nuestras misiones, nos herirán, las tinieblas llenarán nuestros caminos, nos pondrán a prueba hasta el límite, seremos tentado por Satanás y seremos juzgados. Como resultado, titubearemos, caeremos, sangraremos, dudaremos, tendremos miedo, lloraremos y simplemente nos caeremos.

No somos perfectos. Cuando caemos, debemos levantarnos, perdonarnos a nosotros mismos y empezar de nuevo. Si no podemos perdonarnos a nosotros mismos por los errores que hemos cometido, entonces, de nuevo, Satanás nos enviará oscuras nieblas para nublar nuestra visión de nuestro potencial como herederos del Reino de Dios.

Cuando hacemos cosas que están mal, se supone que la culpa debe motivarnos a pedir perdón. Pero Satanás utiliza la culpa para crear vergüenza y desesperanza, para cegarnos y no dejarnos ver nuestra valía individual y nuestro destino divino. No cedas a los impulsos de la culpa y la vergüenza de Satanás. Su plan será siempre ponernos en un camino de oscuridad. Por lo tanto, utiliza la culpa como un motivador para arrepentirte, para que puedas mantenerse fiel a su camino.

Perdonarte a ti mismo, así como a los demás, te liberará de la oscuridad. La libertad que viene del perdón traerá el poder de elección y la curación de nuevo a tu vida. Esta libertad también te traerá paz al subir montañas, sin cuerdas de títeres unidas a nuestra alma, con la alegría de saber quiénes somos en realidad y el amor a Aquél que nos ha creado.

Tu búsqueda de la libertad

Tu primera búsqueda de la libertad comienza escribiendo los nombres de todos aquellos que consideras que te han hecho daño. Una vez que hayas completado tu lista, tacha los que ya hayas perdonado por completo (sin malos sentimientos hacia ellos). Encierra en un círculo los que consideras que no estás seguro de haber perdonado.

Marca con una estrella los que sabes que no has perdonado. Entonces, anota cómo te sientes acerca de los que no has perdonado. Decide hoy si quieres que sigan nublándote la vista de tu destino divino y llenando tu vida de oscuridad. Perdónalos y recuerda por qué estás aquí, para superar todos los obstáculos.

Tu segunda misión es la de anotar cualquier secreto dañino que tengas. Si tienes algún secreto dañino, escribe cómo está consumiendo tu vida. Anota cuánto más temes ahora a la gente, dudas de ti mismo, cuestionas los motivos de la gente y si ahora confías en la gente. Si ocultas un secreto dañino, escribe los nombres de la gente en quien sientes que puedes confiar y habla con ellos, desahógate y retoma tu poder.

Tu tercera misión es hablar con tus padres. Habla con tus padres con honestidad. Si han hecho algo para hacerte daño y les guardas rencor por ello, diles que quieres perdonarles por todos los perjuicios que te pueden haber causado, porque los amas. Si están divorciados, entonces diles que, por favor, no hablen mal el uno del otro, que no maldigan al otro delante de ti, o que no traten de que los odies.

Tu última misión es buscar en lo más profundo de tu ser para ver si hay algo por lo que no te has perdonado. Si lo hay, entonces pregúntate por qué. ¿Sientes que no lo mereces, o que es demasiado malo, o piensas que no puedes ser perdonado? Si hay elementos por los que no has pedido perdón, hazlo. Pídele a Dios que te perdone. Mientras lo haces, perdónate a ti mismo. Entonces, sigue adelante.

Una vez que hayas superado la falta de perdón hacia ti mismo y hacia los demás, habrás creado cielos más azules en tu misión de regreso a casa con nuestro Padre Celestial.

El perdón te hará libre

La oración te hará más fuerte

El amor, te mantendrá más fuerte

Los padres apreciarán tu ejemplo

La búsqueda del alivio

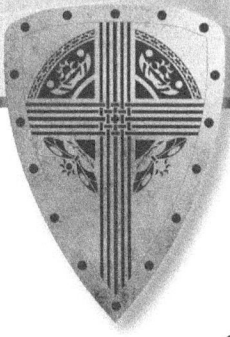

CAPÍTULO 6

La búsqueda del alivio

Descubre el plan de justicia y misericordia de Dios

¿Sería más fácil para ti perdonar si vieras que la justicia se imparte con prontitud? Tal vez. Por desgracia, no es así como funciona Dios. En la preexistencia, luchamos por el libre albedrío, por la libertad de elegir por nosotros mismos la posibilidad de hacer tomar buenas o malas decisiones. Algunos abusarán de ese poder. Por lo tanto, a causa del libre albedrío, esta pregunta siempre será la misma: ¿Hará el hombre lo que es correcto e ilustrará a los demás o hará lo que está mal y causará dolor?

En realidad, nuestro libre albedrío es lo único sobre lo que tenemos poder. Podemos, o bien ayudar a los demás y a nosotros mismos cuando seguimos el plan de Dios y hacemos lo que es correcto, o podemos destruir a los demás y a nosotros mismos cuando seguimos los planes de Satanás y hacemos lo que está mal. Con esto en mente, si Dios impartiera justicia rápidamente a los que actúan mal, ¿no les asustaría eso, para hacer lo que es correcto?

Dios usa el Espíritu de Cristo para guiarnos al recordarnos cuidadosamente lo que está bien y lo qué está mal. Por ejemplo, nuestro Padre Celestial nos ha colocado señales de tráfico en nuestro camino a casa. Sin embargo, no nos puede obligar a que las respetemos. Del mismo modo, Dios no le permite a Satanás que nos obligue a hacer el mal. Esa tiene que ser nuestra elección. Pero Satanás puede tentarnos a hacer su voluntad a través de la toma de malas decisiones. Todos pueden elegir qué camino tomar y Dios tiene dos planes para ocuparse de quienes optan por abusar de su libre albedrío o ir por un camino oscuro.

El plan de justicia de Dios

Aunque Dios no puede quitar y no quitará el libre albedrío al hombre, Dios puede usar y usará la ley eterna de la justicia. La ley de la justicia exige que alguien pague por cada pecado que cometamos. O bien nosotros pagamos por nuestros propios pecados, o Jesucristo, nuestro Salvador, paga por ellos. No importa quién lo haga, pero alguien tiene que pagar el precio. Los que te han hecho daño o te están perjudicando pagarán por sus errores en la otra vida si no se arrepienten y enmiendan sus errores en esta vida. Si se arrepienten, Cristo pagará por sus pecados. Si no se arrepienten, ellos que pagarán por sus propios pecados.

Todas las almas que no se arrepientan sufrirán como Cristo sufrió. Para todo lo que suceda en la Tierra se le hará justicia en la otra vida. Como se dijo en Mateo 08:12: "Pero los hijos del reino serán arrojados a las tinieblas de afuera; allí será el llanto y el crujir de dientes." Aquellos que sigan el plan de Satanás y dañen a otros, sufrirán como Cristo sufrió. De hecho, ellos sufrirán hasta que el pecado haya satisfecho las exigencias de la justicia. Por lo tanto, deja que tu búsqueda del alivio sea satisfecha a través de Dios.

Entiendo que es difícil ver a otros escabullirse con sus pecados en la Tierra. Pero, pagarán el precio después de su muerte. Dios así lo promete en Lucas 18:07: " Y no hará Dios justicia a Sus escogidos, que claman a El día y noche? ¿Se tardará mucho en responderles?" Porque Dios es un Dios justo, no permitirá que los pecados queden impunes, a menos que los pecadores se hayan arrepentido. Si aquellos que pecan no se arrepienten aquí (que incluye hacer las cosas bien contigo), sufrirán como Cristo sufrió. Por lo tanto, no tienes ninguna necesidad de vengarte aquí en la Tierra de aquellos que te han hecho daño. La justicia de Dios será mucho más completa de lo que tú jamás podrías imponerles.

El tiempo necesario para cambiar

Ten confianza en el plan de justicia de Dios. Él sabe lo que está haciendo y lo arreglará todo. En Su sabiduría, les da tiempo a los que pecan y cometen errores para que tengan una oportunidad de arrepentirse y ser perdonados. Él sabe que muchos de nosotros nos equivocaremos muchas veces en nuestra vida. Él sabe a veces escogeremos el camino equivocado. Él espera que nos arrepintamos, arreglemos las cosas con la persona a quien hayamos perjudicado y, finalmente, aprendamos de nuestros errores. Dios nos ama y quiere que aprendamos y crezcamos, y utilicemos la expiación de Jesucristo para ser perdonados.

Por ejemplo: Has llegado a un punto en el camino en el que hay que cruzar una gran brecha. La única manera de cruzar es con dos trozos de cuerda: una para sujetarte y otra para poder poner los pies. Al cruzar la cuerda inestable, te das cuenta que alguien en el otro lado, también está cruzando. Dado que los dos están usando la misma cuerda, ésta se vuelve muy inestable. Ahora empiezas a temblar de verdad. Como resultado, el otro pierde su agarre y cae. ¿Te gustaría que la justicia de Dios se te impartiera con rapidez y brevedad o desearías tener la oportunidad de pedir perdón, tratar de hacer las paces y aprender cómo no hacerlo de nuevo?

Todos estamos aquí para aprender y crecer a partir de nuestros errores, y disculparnos cuando nos equivoquemos. Ser castigado de inmediato te quitaría el tiempo necesario para reflexionar y cambiar. Esperemos que eso sea lo que vas a hacer. Aprenderás de tus pecados y de tus errores y cambiarás. Si no lo haces, no te va a ir bien en el otro lado.

Arrepiéntete aquí o paga el precio allá

Si eres es uno de los que ha hecho daño a otra persona, te imploro que te arrepientas. Haz las paces y cambia, o pagarás por todo lo que les hayas hecho a otros. Puedes no pagar en esta vida, pero definitivamente tendrás que pagar en la próxima. No te dejes engañar por Satanás y ni pienses que si te saliste con la tuya aquí, te saldrás con la tuya allí. Dios no permitirá que ningún pecado quede sin castigo. O bien te arrepientes y utilizas la expiación de Cristo o vas a sufrir como Él lo hizo.

¡Cuidado con los ardientes dardos de mentiras de Satanás!

La libertad es hacer lo que quiera y salirme con la mía.

Es muy importante arrepentirse y buscar el perdón en la Tierra antes de morir. Una vez en el otro lado (el mundo espiritual), es muy difícil obtener el perdón de aquellos a los que has perjudicado y hasta que lo hagas, vas a sufrir.

Para ilustrar el sufrimiento de una persona fallecida, déjame explicarte una experiencia de una amiga mía. Una noche, mientras dormía, una presencia la despertó. Cuando ella abrió los ojos y le miró, ella supo inmediatamente quién era. Era alguien que le había hecho daño anteriormente en su vida y le cambió la vida para siempre. Ella se sorprendió al verlo, porque había estado muerto por mucho tiempo. Cuando lo miró, notó que estaba empapado en lágrimas. Se dio cuenta de que esas eran lágrimas de dolor, arrepentimiento, sufrimiento y desesperación.

Finalmente habló y le pidió perdón por los daños que le había causado cuando estaba vivo. Él le dijo que iba a seguir sufriendo en la prisión de los espíritus hasta que fuera perdonado. Ella pudo ver que estaba en un estado de dolor y pánico. Sintió compasión por él al instante. Perdonar a los demás y obtener perdón es muy real.

Los inocentes

Aunque Dios no exige justicia inmediata aquí en la Tierra, Él se hará cargo de la justicia en la otra vida. Con esto en mente, voy a explicar una verdad sobre los inocentes. Sea lo que sea lo que te ha sucedido física, mental, emocional, espiritual o sexualmente, tu espíritu ha estado y siempre estará protegido. Si te murieras hoy después de que alguien te violara, ¿crees que te llevarías dicho insulto de abuso al mundo de los espíritus, dado que lo sufriste aquí? Por supuesto que no. Puedes haber sufrido dolor física y emocionalmente aquí en la Tierra. Pero el abusador no puede tocar tu espíritu.

Tu inocencia se mantendrá tan pura como el día en que naciste. Eres de sangre real y Dios protege a los inocentes con Su fuerza y Su poder curativo. En Lucas 4:18 se dice: "... me ha enviado a sanar a los quebrantados de corazón; a pregonar libertad a los cautivos, y vista a los ciegos; a poner en libertad a los oprimidos", Él sanará a los que son dañados por otros.

El plan de la misericordia de Dios

Donde hay justicia, tiene que haber misericordia. Igual que la justicia de Dios reclama a los que no se han arrepentido, la misericordia de Dios reclama los inocentes y a los que se han arrepentido. Los inocentes que han sido perjudicados por otros serán envueltos con las vendas de la misericordia para sanar sus heridas. Dios no permitirá que el pecador quede impune. Así, también, Dios no permitirá que no cicatricen los inocentes. La misericordia está viva en la expiación de Cristo. Los inocentes pueden tener esperanza y fe en que Dios tratará con justicia a los que les perjudicaron. A través del plan de la misericordia de Dios, el corazón de los afligidos sanará, trayendo alivio a un alma atormentada.

El plan de la misericordia de Dios es tan poderoso que puede sacarte de un infierno eterno y salvar tu vida aquí. Por ejemplo: digamos que mientras tú y un amigo tuyo estáis caminando a lo largo de vuestro camino, os encontráis con una bifurcación. Podéis optar por tomar el camino que se ve que se utiliza a menudo, que parece más rápido, pero no tan seguro, o podéis tomar la ruta usada con menos frecuencia, que parece más larga, con colinas empinadas, pero que parece más segura. Mientras decides, tu amigo te invita a tomar el camino menos transitado y más seguro. A pesar de la petición de tu amigo de tomar el camino seguro, tomáis el camino a menudo recorrido porque se ve más rápido. Después de treinta minutos de caminata, llegáis a un borde muy fino a lo largo de un acantilado. Una vez más tu amigo aboga por no ir y, aunque tú también sientes que no hay que ir, lo haces de todos modos. Cuando ambos os encontráis sobre este borde, el borde comienza a desmoronarse. Tu amigo y tú sabéis que ambos estáis a punto de caer y morir por lo que lloráis y pedís ayuda a Dios. Tú le dices a Dios que fuiste tú quien se equivocó y que no es culpa de tu amigo. Debido al plan de la misericordia de Dios, ambos os salváis porque tú te arrepentiste y porqué tu amigo era inocente.

Arrepentimiento

A aquellos que hayan lastimado a otros y que no quieran que se haga justicia, que se les entregarán las vendas de la misericordia también, si se arrepienten. Si quieres acercarte a Jesucristo y te arrepientes con el corazón roto y con un espíritu contrito, recibirás el perdón a través de la expiación.

El arrepentimiento es triple. Primero debes reconocer que has hecho algo malo. Segundo, debes pedirle a Dios que te perdone. Tercero, debes hacer las paces con la persona a quién hayas dañado.

Los dos primeros pasos hablan por sí mismos. Pero el tercero significa que debes buscar a la persona que deñaste, pedirle perdón e intentar corregirlo. Por ejemplo, usaré la analogía de la cuerda que ya había usado. Después de ver que la otra persona se cayó de la cuerda porque tú estabas temblando en ella, debes buscar a esa persona, decirle que lo sientes y asegurarte de que está bien. Si hubieras seguido tu camino después de que él cayera, no hubieras obtenido el perdón debido a ese error —aunque le hubieras dicho a Dios que lo sentías.

El paso tres, para hacer las paces, es muy importante para obtener el perdón. Si no intentas buscar a la persona a la que has perjudicado y lo arreglas, entonces, no se te concederá el perdón de Dios.

Otra cosa importante que hay que tener en cuenta sobre el arrepentimiento es: Si le pides a Dios que te perdone por un cierto acto, pero continúas actuando de la misma manera, no obtendrás el perdón. Por ejemplo, digamos que estás acosando a otros niños en la escuela y dañas a alguien tan profundamente que decides pedir perdón. Entonces, un par de semanas más tarde, vuelves a acosar otra vez. Ambos pecados estarán en tu cabeza. El arrepentimiento empieza pidiéndole perdón a Dios y a los que has perjudicado. El perdón se nos concede cuando Dios sabe que estamos realmente arrepentidos y que no vamos a repetir dicho acto.

Algunas cosas son más difíciles de perdonar que otras. Por ejemplo, si has golpeado a alguien y le has herido profundamente, eso será más difícil de perdonar y va a tomar más tiempo que si le gritas a tu hermano o hermana. Pero, aunque algunos pecados sean más difíciles de perdonar que otros, es importante que busques el perdón para todas las cosas, para que puedas regresar a tu camino para esta misión y no tengas que pagar el precio en tu próxima vida.

Tener un alma impenitente oscurecerá tu camino más que cualquier pecado o error. Si no buscas el perdón por tus pecados, entonces, el Espíritu de Dios se irá y será el turno de Satanás.

Arrepentirte y tratar de hacer bien las cosas, te brindará el escudo de la justicia. El escudo de la justicia no significa que seas perfecto, simboliza que intentas hacerlo lo mejor posible a través de una vida justa (obras, actos, arrepentimiento). Este escudo de protege de las tentaciones y de los dardos ardientes de Satanás. Sin esta protección, eres un objetivo fácil para Satanás.

Justicia

2 Pedro 1:1, "los que han recibido una fe como la nuestra, mediante la justicia de nuestro Dios"

Cuidado con las mentiras que cuenta Satanás

ARMADURA DE DIOS

Dios no existe

Satanás no es real

Los mandamientos están pasados de moda

CUIDADO CON LOS ARDIENTES DARDOS DE MENTIRAS DE SATANÁS

EFESIOS 6.16
"SOBRE TODO, TOMEN EL ESCUDO DE LA FE CON EL QUE PODRÁN APAGAR TODOS LOS DARDOS ENCENDIDOS DEL MALIGNO."

Solo porque puedes, no significa que debas

Con el incremento de la cantidad de oscuridad en nuestro mundo, hay un concepto de Satanás que muchos de los jóvenes están aceptando. Dicho concepto es: Solo por el hecho de poder hacer algo a los demás, no quiere decir que debas hacerlo ni que tengas permiso para hacerlo. Déjame darte algunos ejemplos de *solo porque puedes hacerlo, no significa que debas hacerlo*. Sólo porque eres más grande que otro, no significa que puedas molestarlo. Sólo porque alguien te esté acosando en casa, no significa que debes hacer lo mismo con otros en la escuela. Sólo porqué tus amigos están haciendo algo mal, no significa que tú también debas hacerlo. Sólo porque podrías tener sexo con quién quisieras porque eres atractivo, no significa que debas hacerlo.

Satanás tratará de convencernos de que, porque podemos hacer algo, deberíamos hacerlos y de que eso es la libertad. Satanás es un menti- roso, dado que por aquellos a quienes hayamos hecho daño, se nos impartirá justicia, aquí o en la próxima vida. Ten cuidado con lo que haces en esta vida, dado que siempre hay un efecto dominó cuando se trata de nuestras decisiones.

El efecto dominó

Dios nos dio el poder de elegir. Como resultado, podemos sentir que *solo porque podemos hacer algo* en nuestras vidas, *deberíamos hacerlo*. Cuidado. Satanás no te dice nada sobre el efecto dominó de nuestras decisiones. Lo que hagas para ocasionar daño a otros se te contabilizará a ti hasta que se detenga (el efecto dominó). Déjame darte un ejemplo del efecto dañino de abusar de tu libre albedrío y dañar a otros.

Digamos que vienes de un hogar con violencia donde tu padre constantemente de golpea. Sientes, que porque te han dañado a ti, tú deberías poder dañar a otros. Un día, estás especialmente enfadado porque tu padre te pegó justo antes de salir de casa para ir a la escuela. Mientras vas de camino a la escuela, ves a un niño más pequeño (vamos a llamarle Bobby) que va bajando por tu lado de la calle. Cuando se acerca lo suficiente para pasarte de largo, accidentalmente se topa contigo. Como resultado, pierdes el control. Tú sientes, en ese momento, que tienes el derecho de hacerle daño a Bobby. Estás enojado con el mundo y tu padre te ha lastimado.

Con la ira creciendo dentro de ti, lastimas a Bobby muy duramente. Cuando terminas, sigues tu camino, dejando a Bobby allí, retorciéndose de dolor. Después de una hora tirado en la acera, Bobby finalmente se levanta y se va a casa. Su casa está ya llena de dolor y sufrimiento. Bobby no tiene nadie en casa que le reconforte. Todo lo que tiene en casa es una madre muriéndose de cáncer. Ahora se queda solo no solamente cuidando a su mama sino también habiendo sido golpeado y sin tener a nadie con quien hablar. La ira de Bobby crece. El siente que la vida le está sirviendo un trozo de carbón. Y él también arremete contra la siguiente persona que ve.

El niño (Tom) Bobby sufre debido a su ira, ahora, y a su vez, daña a alguien más (Joe) y sigue. Debido al efecto dominó, la demanda de justicia será impartida no solo a Bobby, quien perjudicó a Tom, sino también a la persona que lo inició. Nuestras decisiones son tan poderosas que pueden afectar a otras generaciones positiva o negativamente (el efecto dominó).

Lo mismo se aplica a una buena obra. Si ves a un niño a quien se le caen los libros delante de su casillero y te acercas a ayudarle, eso, a su vez, le hace sentir bien. Entonces, él ayuda a otra persona que también tiene un mal día. Todas estas buenas obras de ese día se te tendrán en cuenta a ti, para bien, porque tu iniciaste el efecto dominó de inspirar a otros.

Escoge sabiamente. Tus decisiones pueden afectar a centenares de personas para bien o para mal. Dicho esto, si eres el perjudicado, por favor no continúes la cadena. Nunca sabes de qué circunstancias procede el maltratador. Perdona a quien te hizo daño y detén el efecto dominó. Esto no sólo te ayudará aquí, sino que ayudará al maltratador en la siguiente vida (lo que te ayudará a ti).

Si eres quien empezó el efecto dominó en tu vida y en la vida de los demás con tus malas decisiones, te recomiendo que busques el perdón a través de la expiación e intentes hacer las paces. Hacer las paces haciendo una buena obra por aquellos a quien has dañado, puede revertir los efectos negativos en positivos. No puedes cambiar lo que hiciste (para eso es la expiación), pero puedes intentar hacerlo bien ayudando a otros.

No juzgues demasiado rápido

Nunca sabes por qué circunstancias están pasando los demás. Por ejemplo, me he encontrado con que muchos acosadores provienen de hogares con violencia. Están enfadados y no han perdonado a aquellos que les hicieron daño. Se sienten justificados para hacer daño a los demás.

Mi hija comprobó este punto en tercer grado. Una alumna de su escuela, a quién llamaremos Lisa, constantemente la empujaba a ella y a otros niños, les daba órdenes, la llamaban otros nombres e intentaban iniciar peleas. Un día, mi hija intentó llevar a cabo mi lección de bondad con Lisa. Después de aproximadamente una semana durante la cual hija invitó a Lisa a comer con ella, a jugar con ella y a hacer deberes con ella, el corazón de Lisa cambió. Se volvieron amigas. Más tarde, mi hija descubrió que los padres de Lisa se acababan de divorciar. Lisa estaba muy enojada por ello.

A veces, todo lo que los acosadores necesitan es que seamos amables con ellos, que les escuchemos, que los queramos, que les levantemos el ánimo y que seamos sus amigos. No juzgues a nadie demasiado rápido. Cada uno de nosotros se encuentra en su misión individual. Cada uno de nosotros debe vencer a Satanás. Cada uno de nosotros tiene pruebas que superar. Y todos nosotros buscaremos alivio, ayúdales a encontrarlo con bondad.

Mi búsqueda de alivio

Mientras era niña, vi un montón de dolor y sufrimiento en mi casa por el divorcio de mis padres. Vi a mi madre luchando para criar ocho hijos sola. Los otros cuatro estaban o bien en la universidad o bien en misiones de nuestra iglesia. Mi madre solía hablar mal de mi padre todo el tiempo y nos hacía sentir culpables cuando nos íbamos con él. Presionó a sus hijos a ser perfectos en todo lo que hacíamos, especialmente en la limpieza. Nos maltrataba verbal y mentalmente cuando las cosas no se hacían a su manera, y todo porque ella estaba mentalmente ciega desde el divorcio.

Durante años, no entendía por qué mi madre nos trataba tan mal ni por qué estaba tan fuera de control. ¡Por Dios! acabábamos de perder a nuestro padre en el divorcio. Pero a medida que pasaba el tiempo, y después de huir de casa y estar con mi padre, empecé a entender.

Me enteré de que mi propia madre no tuvo la mejor educación. Ella había sido rechazada de un montón de maneras por su familia. Así que, cuando mi padre la rechazó a través del divorcio, la destrozó por completo. Además, me di cuenta de que cuando las personas sienten que no controlan sus sentimientos ni su propia vida, intentarán controlar todo y a todos a su alrededor, creyendo que eso les va a llenar ese vacío.

Cuando por fin comprendí que el peor temor de mi mama era ser rechazada y que estaba fuera de control, mis ojos se abrieron y pude comprender por qué ella no podía ver lo que les estaba haciendo a sus hijos. Aprendí entonces a no juzgar nunca a nadie hasta haber caminado en sus zapatos. Al entender su dolor, se me hizo más fácil perdonarla por sus fechorías. Y, al hacerlo, encontré el alivio a mis sentimientos negativos.

Todo el mundo tiene una misión que está llena de pruebas y desafíos que tienen superar y nadie va a hacerlo a la perfección. Después del divorcio de mis padres, mi madre estaba apenas sobreviviendo. Apenas les podía ahorrar a sus hijos del dolor que estaban pasando. Yo encontré el alivio que buscaba al entender por qué mi madre hizo ciertas cosas. El alivio llegará cuando no juzguemos a los demás, sino cuando tratemos de entender lo que están pasando y los perdonemos.

La nueva ley de Dios

¿Te imaginas lo que sería el mundo si cada uno de nosotros tuviera en cuenta lo que los demás pueden estar pasando? Mejor aún, ¿qué pasaría si todo el mundo se diera cuenta de que esta vida Terrenal fue una prueba y nuestro enemigo no somos nosotros mismos, sino Satanás? Para llegar a este punto, hay que iniciar con las reglas de oro: Trata a los demás como quieres que te traten a ti. Juzga a los otros como te gustaría ser juzgado a ti. Si deseas que nuestro Padre Celestial, tenga misericordia de ti por tus transgresiones, debes perdonar a los otros que pecan contra ti.

Por ejemplo: Digamos que estás en tu camino de regreso a casa, cuando te encuentras con alguien que está herido. Entonces, piensas para ti mismo, si me detengo ahora voy a perder un par de horas. Así que empiezas a alejarte. Entonces, algo dentro de ti te dice que le ayudes. Entonces te regresas, vendas sus heridas y le ayudas a retomar su camino. Al regresar a tu camino, te sientes muy bien por dentro.

Un día después, todavía caminando por tu camino, te encuentras con un terreno peligroso cuesta arriba. Cuando empiezas a subir te resbalas. Gritas por ayuda. Justo antes de perder tu último punto de sujeción, alguien agarra tu mano y te sube. Una vez en terreno seguro, te fijas en el extraño para darle las gracias. Para tu sorpresa, es el hombre a quien ayudaste el día anterior.

Nuestro Padre Celestial nos pide que tratemos a los demás como quisiéramos ser tratados. No vivimos en los tiempos de Moisés, donde un ojo por un ojo era la regla. Vivimos en un tiempo que necesita desesperadamente el amor, la bondad y el perdón. Cuando Jesucristo trajo las nuevas leyes:

- *Pon la otra mejilla;*
- *Trata a los demás como te gustaría ser tratado;*
- *Ama a tus enemigos;*
- *Ora por los que te ultrajan;*

Lo hizo pensando en nosotros. Jesús sabía que el mundo, con el tiempo, llegaría a estar lleno de dolor y sufrimiento. Él sabía que la única manera de evitar que fuéramos engullidos en él, era aferrándose a las leyes de la amabilidad, la confianza, el amor y la sanación de Dios. Dios sabía que un ojo por un ojo nunca traería la paz, como lo pueden hacer el amor y el perdón en un mundo que lo necesita desesperadamente.

Siempre debemos tratar de hacer lo correcto, sin importar lo que viene a cambio, y esperar que Dios nos lo tendrá en cuenta para nuestro bien. Al permitir que la justicia de Dios se imparta sobre aquellos que nos han herido, al buscar el arrepentimiento cuando nos equivocamos, al tener cuidado con las decisiones que tomamos y que pueden afectar a los demás y al tratar a los demás como nos gustaría ser tratados, vamos a encontrar el alivio de la penas de esta vida. El alivio llega cuando hacemos nuestra parte, perdonamos y dejamos que Dios haga su parte, juzgar.

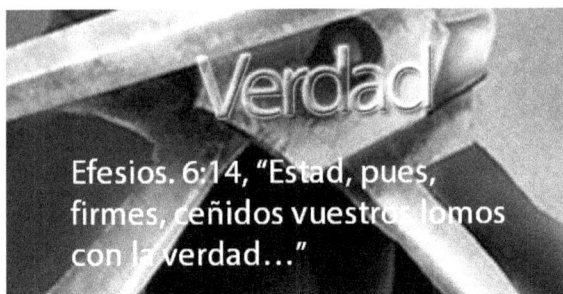

Verdad

Efesios. 6:14, "Estad, pues, firmes, ceñidos vuestros lomos con la verdad..."

Al hacer uso del cinturón de la verdad, la verdad de que Dios tratará con justicia a aquellos que nos han hecho daño, serás puesto en libertad. Estamos en esta misión y nuestras decisiones de perdonar, amar y aceptar siempre serán recompensadas, si otros actúan del mismo modo. Por lo tanto, sé fiel a ti mismo, a los demás y a nuestro Padre Celestial, causando un efecto dominó positivo en tu vida. Mientras te mantengas fiel a tu camino de regreso a casa, encontrarás el alivio definitivo cuando te encuentres con dificultades.

Tu búsqueda del alivio

La primera parte de la búsqueda del alivio consiste en buscar dentro de ti. Ver si hay algún rencor, sentimiento de venganza, o esperanza de que alguien salga herido. Si te das cuenta de que no has perdonado a alguien, porque no se le ha impartido justicia aquí en la Tierra, busca el perdón de Dios. Arrepiéntete de tus continuos malos sentimientos hacia esa persona que te hizo daño y pídele a Dios que lleve a cabo su voluntad con ellos.

La segunda parte de la búsqueda del alivio consiste en arrepentirte de esas cosas que has hecho que han perjudicado a otros o a ti mismo. Después de haber buscado el perdón de Dios, ve a ver a la persona y pídele perdón. Trata de hacer lo correcto. Esta manera de actuar puede que te sorprenda cuando te brinde un nuevo amigo en lugar de un enemigo.

La tercera parte de la búsqueda consiste en ver si estás haciendo algo que sea contrario a la nueva ley de Cristo. ¿Estás haciendo cosas en tu vida le deshonren a su nombre? Ver qué tipo de efecto dominó estás creando debido a tus decisiones. Si son efectos negativos, arrepiéntete y comienza a crear los positivos. De hecho, te reto a que lleves a cabo diez buenas obras en un día y observa lo que los Cielos te responden del mismo modo. Luego escribe lo que pasa.

Y, finalmente, quiero que trates a los demás como a ti te gustaría ser tratado durante una semana y ver lo que eso produce en tu autoestima, en tu relación con Dios, en tu amor por los demás y en la confianza en general.

Tu trabajo consiste en perdonar, el trabajo de Dios es juzgar

Trata a los demás como te gustaría ser tratado

Crea efectos dominó positivos de tal manera que tus futuros hijos los lleguen a sentir

La búsqueda del autocontrol

CAPÍTULO 7

La búsqueda del autocontrol

Descubre el plan de engaño de Satanás

A medida que continuamos en esta búsqueda, habrá momentos en los que nos veremos tentados por cosas que no son buenas para nosotros. Satanás hará todo lo que pueda para alentarnos, sacarnos del camino, oscurecer nuestra visión, ser nuestro titiritero, debilitar nuestras almas y envenenar nuestros cuerpos. Intentará privarnos de nuestra recompensa eterna. Su mayor objetivo es nuestro cuerpo.

Durante tu búsqueda, y debido a los muchos obstáculos difíciles que hayan surgido, puedes encontrarte hambriento de afecto, de amor, de compasión, de aceptación, de socorro y de paz. Cuando la gente se muere de hambre, por lo general se come cualquier cosa. Pero ten cuidado con lo que metes en tu cuerpo. Tu elección podría significar la diferencia entre el control de Satanás y tú controlándote a ti mismo.

¡Cuidado con los ardientes dardos de mentiras de Satanás!

El veneno no te dañará

No dejes que una manzana de caramelo te engañe

Cuando estás en tu búsqueda, empiezas a sentir hambre. Entonces, te das cuenta que tienes manzanas de caramelo a tu alcance. Cuando te fijas en ellas, lo único que puedes ver es esta hermosa capa exterior de caramelo que cubre toda la manzana. Parece dulce y pegajosa. Tus glándulas comienzan a salivar, y piensas: No puedo aguantarme, quiero comer esta deliciosa manzana de caramelo, llenará mi alma, porque me muero de hambre.

Tras el primer bocado, un sabor desagradable llena tu boca y te das cuenta que la manzana está podrida por dentro y es venenosa. Te sientes traicionado. ¿Cómo puede ser que la parte exterior de la manzana estuviera cubierta con este caramelo tan bueno y atractivo, y al mismo tiempo la manzana ocultara su verdadera naturaleza venenosa en el interior? Y, ¿cómo es que éstas aparecieron en mi camino tan pronto como sentí el hambre?

Satanás es inteligente, él te tentará cuando tu necesidad sea evidente. Cuando sabe que estás hambriento, va a hacer que lo que te ofrezca sea tan tentador y atractivo como sea posible. Por lo tanto, ten cuidado de lo que metes en su cuerpo. Los efectos secundarios pueden ser tan mortales como el veneno.

El veneno

¿Por qué habré utilizado la palabra veneno para describir el interior de la manzana de caramelo? Porque existen diferentes tipos de veneno. Algunos venenos son de acción rápida y mortal. Otros son lentos y pasan desapercibidos. El mismo concepto se aplica a los pecados. Algunos pecados son más traumáticos para el alma de inmediato, mientras que otros pecados toman un poco más de tiempo para mostrar su daño. Pero eventualmente, el veneno del pecado causará estragos en tu vida. Satanás hará que un pecado se vea atractivo para que sea tentador para nosotros. ¿Crees que Satanás te tentaría con algo que supieras que iba a matarte de inmediato, o intentaría tentarte con una manzana podrida?

Recuerda, Satanás es el espíritu más astuto, engañoso, odioso y maligno que jamás haya existido. Él hará todo lo posible para nublar su visión de con lo que él te está tentando. Satanás no pone, ni pondrá el símbolo de veneno en las cosas que estás a punto de tomar, porque sabe que no lo tomarías. En cambio, cubre el pecado con una capa exterior hermosa como dulce de leche, para que pueda ocultar la verdadera naturaleza interior de la manzana venenosa.

¡Cuidado con los ardientes dardos de mentiras de Satanás!

Nuestro objetivo final es la Diversión

Un método que usa Satanás como manera de convencernos de que no importa lo que ponemos en nuestros cuerpos, son los medios de comunicación. La diversión es nuestro objetivo final. Lo que Satanás no nos muestra a través de los medios de comunicación es el resultado de tomar el veneno. ¿Por qué iba a hacerlo? Su objetivo principal es tratar de convencernos de que las drogas, la pornografía, el alcohol, el sexo prematrimonial y el tabaco son la única manera de vivir.

Si Satanás no puede convencerte de que te comas toda la venenosa manzana de caramelo, te hará creer que morderla sólo un poco no te va a hacer mucho daño. Él tratará de convencerte de que, dado que te mueres de hambre, tienes todo el derecho a saciarla de la manera que sea. Ten cuidado. No importa qué tan hambrientos estés, no te dejes engañar en comerte la manzana de caramelo de Satanás. Tu hambre no se apagará. De hecho, la tentación de Satanás sólo te dejará más hambriento.

El caramelo puede parecer maravilloso y sabroso. Incluso puede parecer perfecto. Pero ten cuidado con el veneno del interior de la manzana, dado que destruirá quien eres rápida o lentamente. Satanás sabe quiénes somos, por lo que ha creado pecados que están en contra de los mandamientos de Dios. Él sabe que desobedecer los mandamientos de Dios, es otra forma de apartarnos del camino y debilitarnos. Si tiene éxito, entonces estamos permitiendo que él se convierta en nuestro titiritero.

Antes de irnos, nuestro Padre Celestial nos dio la armadura de Dios para defendernos de Satanás. Lo que protege más nuestros cuerpos es la coraza de la justicia. La coraza de justicia nos anima a mantener nuestras mentes y cuerpos limpios de suciedad y oscuridad. Al igual que una coraza protege nuestro cuerpo de una flecha, espada o cualquier otra arma para destruir nuestras partes más vitales, nuestro Padre Celestial quiere que usemos la coraza de justicia para apagar los ardientes dardos de la tentación, del engaño y de las mentiras venenosas de Satanás. Nuestro Padre Celestial desea que seamos felices. Y la verdadera felicidad viene de mantener nuestras mentes y cuerpos limpios y, en última instancia, de la conquista de nuestra búsqueda.

La inanición (el hambre)

La mayoría de las personas se verán tentadas a comer manzanas de caramelo en su camino dado que estarán pasando hambre. A través del hambre, Satanás tratará de convencernos de que sus regalos pueden atenuar nuestro dolor. Satanás es un mentiroso. Ninguno de sus métodos resolverá nunca ningún problema con el que nos encontremos. Lo único que va a resolver nuestros problemas es perdonar a aquellos que nos han hecho daño, pedirle a Dios que nos sane y aprender de ello. En otras palabras, el hambre sólo se sacia con alimentos reales (árbol de la vida).

Cuando empieza la inanición (el hambre)

Puede haber ocasiones en que estés en tanto dolor a causa de lo que has pasado, que puedes llegar a convencerte de que comer la manzana de caramelo aliviará, de alguna manera, el dolor o envenenará a la otra persona que te hizo daño. No lo hará. Si decides comerte la manzana de caramelo, vas a envenenar tu propia alma, lo que hará que el dolor sea aún peor. Por ejemplo, si te mordiera una serpiente de cascabel, ¿alguien más sentiría el dolor o se envenenaría? No, sólo tú. Tratar de aliviar el dolor que nos ha provocado los actos de otros a través de los métodos de Satanás nunca será beneficioso para ti. Y pensar que estás haciendo sufrir a los demás envenenándote a ti mismo no es real.

Satanás nos tienta con muchas "manzanas de caramelo." Cada una tiene sus propias consecuencias y grados de oscuridad. Cada una frustrará nuestros esfuerzos para superar nuestras pruebas, para perdonar a los que nos han hecho daño, para buscar la ayuda de Dios, para sentir el Espíritu mediante la expiación del Salvador y, finalmente, para regresar a nuestro Padre Celestial victoriosos.

Justicia

2 Pedro 1:1, "los que han recibido una fe como la nuestra, mediante la justicia de nuestro Dios."

Hambre de amor

Camino de Satanás – Al avanzar por tu camino, puede que te sientas solo (padres divorciados) y no querido. Un día ves que hay dos personas en un camino más oscuro, teniendo relaciones sexuales, por lo que observas. Mientras observas, Satanás te convence de que muerdas la manzana venenosa de caramelo de la pornografía, observando también a otros. Él te convence de que puedes ver a los demás "teniendo relaciones sexuales" y de que eso saciará tu necesidad de amor. Lo que Satanás no te dijo, mientras veías pornografía, es que este amor no es real, sino creado por él. Tampoco no te dijo que, viendo pornografía, te volverás cada vez más controlador, deprimido, narcisista, ansioso y tendrás una autoestima más baja. Estos resultados consiguen que ahora no te quieras a ti mismo.

Si continúa comiendo este tipo de manzana de caramelo para saciar tu hambre de amor, Satanás nublará tu visión de cómo quería Dios que fueran la mujer y el hombre cuando los creó. Él no te dejará ver que nuestro Padre Celestial creó a las mujeres para ser vistas como amorosas, amables, maternales, mimosas y tenidas en alta estima. El veneno de esta manzana no te dejará ver la verdadera naturaleza del hombre y la mujer. Como resultado, verás a las mujeres como un medio para cumplir tus placeres. Verás el amor como de una manera interesada y no como amor desinteresado. El sexo se convertirá en la herramienta para el placer y no la herramienta para unir a un hombre y a una mujer.

Cuanto más consumes esta manzana de caramelo de la pornografía, más mujeres se convierten en objetos y más relaciones se vuelven aburridas. Te encontrarás con que el veneno de la pornografía, dentro de tu organismo, hará que veas cualquier amor como si fuera falso, animal, un medio para un solo fin, y en última instancia, una herramienta de auto-satisfacción. El amor de Dios de pronto no te parecerá tan importante una vez el amor de Satanás "la pornografía" te haya consumido. El veneno de esta manzana de caramelo oscurecerá tu visión del amor y las relaciones, sobre todo cuando el verdadero amor aparezca finalmente. El veneno de la pornografía matará lentamente tu alma. Como resultado, tu búsqueda se volverá aburrida, solitaria y llena de odio a ti mismo.

La manera de Dios - El amor viene de acercarse a aquellos que se preocupan por nosotros y de ser vulnerables. Cuando comunicamos nuestra necesidad de amor a nuestros padres y a Dios, el amor vendrá en una forma pura. Al sentir el verdadero amor de los demás, tu amor por ti mismo también se incrementará. Y cuando sea el momento adecuado, reconocerás el verdadero amor (futuro/a esposo/a).

Hambre de afecto

Mientras te comes la manzana de caramelo de la pornografía y tus puntos de vista sobre los hombres y mujeres están siendo corrompidos, Satanás entonces te convencerá de que te comas el segundo tipo de manzana de caramelo venenosa: el sexo prematrimonial. Tu hambre de afecto se vuelve aún mayor después de haber tratado de saciar tu hambre de amor. Pero recuerda lo que trató de saciar tu hambre de amor no era el camino de Dios, pero el camino de Satanás. Del mismo modo, la forma en que tratamos de saciar nuestra sed de afecto determinará si esa sed se sacia.

Dios creó el sexo para que tenga lugar entre un hombre y una mujer que esperado hasta la noche de bodas. El verdadero amor y la satisfacción del afecto a través del acto sexual llegan sólo cuando uno se ha entregado por completo al otro. Y ese tipo de compromiso sólo puede lograrse a través del matrimonio. Este mandamiento se encuentra en Deut. 05:18, "No cometerás adulterio." Cometer adulterio no es sólo tener relaciones sexuales con otra persona casada, sino tener relaciones sexuales antes de que te cases.

El veneno de tener relaciones sexuales antes del matrimonio es, por supuesto, las ETS, el embarazo fuera del matrimonio y, finalmente, una sensación de vacío en el interior. Los dos primeros son ampliamente conocidos, pero el veneno que Satanás trata de esconderte es el que te puede dejar cicatrices emocionales, una sensación de vacío interior y, finalmente, un gran vacío en tu vida.

El sexo no es sólo una vía para tener hijos en el matrimonio, sino también para unir dos almas en una. Cuando te entregas a otra persona a través del acto sexual, en realidad le estás entregando una parte de ti (emocional, mental, física y espiritualmente). Por lo tanto, cuando tienes relaciones sexuales con varias personas, les estás dando una parte de ti mismo que no puedes recuperar. Como resultado, después de cada acto sexual, tu alma cree que se está convirtiendo en una con la otra persona, pero dado que no hay un compromiso duradero, como en el matrimonio, te desgarra emocionalmente. Hasta que finalmente te quedas emocionalmente marcado y te vuelves insensible. Cuando finalmente encuentres a alguien con quien quieres estar el resto su vida, te darás cuenta que será muy difícil encajar realmente con esa persona, ya que te habrás entregado a muchos esporádicamente.

¿Has notado que aquellos que participan en relaciones sexuales ocasionales son más propensos a meterse en drogas, alcohol, pornografía y las bandas que los que no lo hacen? Tener relaciones sexuales fuera del matrimonio va a crear un vacío dentro de ti, que vas a tratar de llenar a través de estos otros medios. El sexo más seguro y más gratificante que tendrás siempre será dentro del matrimonio. Dios lo creó de esta manera. El hecho de esperar añade valor al matrimonio y a tu autoestima. Esto hace que el matrimonio sea especial y que valga la pena luchar por él en tiempos.

Por favor, ten en cuenta: El sexo no es malo, al igual que conducir un coche no es malo. Pero hay que esperar a tener una licencia de conducir para conducir, igual que debes esperar a tener una licencia de matrimonio para tener relaciones sexuales. Dios es quien creó el sexo. Todo lo que Él pide es que esperemos hasta que tengamos nuestra licencia de matrimonio. Entonces, somos libres de disfrutar del sexo al máximo y unir dos almas como si fueran una.

Satanás tratará de convencerte de que el amor es el amor y el afecto es el afecto, no importa la forma. Satanás siempre toma una verdad y la transforma en una mentira. El verdadero amor y el afecto verdadero vienen de la dulce recompensa de casarse con tu mejor amigo. Si pones sexo en espera hasta que tomes tus votos ¿Qué es lo que podrías realmente descubrir acerca de la otra persona? ¿Qué tan profunda podría ser la relación? Cuando tu relación es profunda, el sexo se convierte en la guinda del pastel. Si el sexo es la guinda y la relación es el pastel, la cantidad de peso tiene el pastel en tiempos difíciles? Todo, es el pastel el que sostiene a la guinda, no al revés.

A medida que continúes tu búsqueda, puede haber momentos en los que estés necesitado de afecto. Puede haber momentos en los que otros se crucen en tu camino y te convenzan de tener relaciones sexuales. No te dejes engañar. Los que quieren saciar sus propias necesidades no se quedarán cuando lleguen los tiempos difíciles. El plan de Dios es que avancemos en nuestras propias misiones individuales al principio y luego nos unamos a otro a través del matrimonio. Si son dos los que están trabajando con el mismo objetivo, ¿cuáles son sus posibilidades de lograr sus misiones? Altas. Así que ten cuidado de no dar a tu bien más preciado (la virginidad) a otro, porque el veneno de las relaciones sexuales antes del matrimonio puede cegar tus ojos cuando tu verdadero amor se encuentre, finalmente, justo en frente de ti.

Hambre de alivio

Manera de Satanás - quiero que te imagines de nuevo en tu camino, en el momento en que te sientes débil por dentro porque alguien más te ha dañado (es decir, molestado, intimidado). Ya no quieres sentir más el dolor de revivirlo una y otra vez en tu mente y decides no perdonar, por lo que te comes la venenosa manzana de caramelo de las drogas. Tras el primer bocado te sientes un poco mareado. Puedes pensar: Nada de qué preocuparse. A medida que continúas comiendo la manzana de caramelo de las drogas, comienzas a sentir que los sentidos y la estabilidad se vuelven vagos. Después de sentir estos efectos secundarios negativos, dejas la manzana y piensas que lo peor ya pasó.

A medida que continúas caminando a lo largo de tu camino, éste se vuelve muy oscuro y lleno de grietas. Al tener que decidir si cruzas o no, te das cuenta que no eres capaz de pensar con claridad y Satanás te convence de cruzar de todos modos. Mientras lo haces, te caes, porque tu mente fue alterada y no podías ver bien. ¿Crees que Satanás va a bajar a recogerte y a asegurarse de que estás bien? No. Se va a reír porque Él te convenció de comerte la manzana de caramelo de las drogas, de que te cayeras por el precipicio y de que dejaras que sea su titiritero.

Las drogas alteran nuestras mentes y oscurecen nuestros caminos y hacen que sea muy difícil lograr nuestra misión cuando no atan las cadenas de Satanás. Nos pueden hacer creer que todo está bien, hasta que nos caemos (por ejemplo, nos convertimos en adictos, sufrimos muerte cerebral). Como resultado, tu necesidad de alivio sólo empeoró. Satanás nunca te ayudará a encontrar el alivio. El veneno de las drogas puede ser rápido y mortal, o lento y doloroso.

La manera de Dios – El alivio viene de perdonar a aquellos que nos han hecho daño, buscar la ayuda de otros, comunicar nuestras frustraciones a quien nos puede ayudar (padres), y dejar que la justicia de Dios se imparta sobre el agresor. El alivio viene de no dejar que lo que nos ha sucedido defina nuestras próximas decisiones, sino de la curación con la ayuda de Dios, para que podamos dejar ir el dolor.

Hambre de aceptación

La manera de Satanás - Con el aumento de divorcios, hogares monoparentales, embarazos de adolescentes, y otras vidas familiares que no son precisamente ideales, puede que estemos buscando la aceptación de cualquier forma. Nuestro Padre Celestial sabe que todo el mundo quiere a alguien que le ayude a lograr sus misiones, a derrotar al dragón, que le señale la dirección correcta y que los acepte por lo que son. Pero no te dejes engañar por la venenosa manzana de caramelo de las pandillas u otros grupos que no se preocupan por tu bienestar.

Por ejemplo, digamos que te encuentras en tu camino y todo el mundo que pensaste que deberían ayudarle en tu búsqueda, te ha abandonado. Cuando Satanás ve que te sientes desanimado y solo, te pone a otra persona en tu camino. La primera impresión de esa persona, te hace sentir que no debes unirte a ella. Pero a través de la constante tentación y la presión social, te unes al grupo.

A medida que avanzas con este grupo, te darás cuenta que asesinan, violan y roban en cada pueblo por el que pasan. ¿Encontraste la aceptación que estabas buscando o has encontrado más problemas, dolor y daño de los que tenías antes? Satanás siempre hace que los pecados, o grupos, parezcan tentadores y dulces. Una vez mordiste esta manzana venenosa, es difícil irse sin que el veneno siga en tu sistema o te persiga. ¿Si te unes a una pandilla para sentirte aceptado, ¿cuáles son tus posibilidades de salir con vida? El veneno de las pandillas es a la vez mortal para ti y para tus seres queridos.

La manera de Dios - la aceptación real por lo que tú eres viene de dentro. Si estás de acuerdo con lo que eres y lo que estás haciendo (un hijo de Dios), no tendrás tanta necesidad de buscar otro tipo de aceptación. Cuando te aceptes como hijo de un Rey, los demás se sentirán atraídos por ti. Te darás cuenta que el "grupo" que has creado al saber que eres especial ayudará a animar a otros, que a su vez te hará sentir todavía más aceptado.

Hambre de paz

La manera de Satanás - En lo que llevas avanzado en tu búsqueda, ya te has encontrado con el dragón, las pruebas, las tentaciones, y con otros que han intentado herirte, o llevarte por terrenos traicioneros. Por lo tanto, ahora sientes la necesitad de un poco de paz. Satanás te tienta con la venenosa manzana de caramelo de alcohol para saciar esa hambre de paz. Él le convencerá de que el alcohol conlleva paz a un alma traumatizada. Él te hará creer que puedes opacar tu dolor y hacer que tus problemas desaparezcan.

Lo que Satanás no te cuenta es que el sentimiento difuso que resulta de beber alcohol también altera en gran medida tus sentidos, realza tus emociones negativas, invita a Satanás e inhibe tu sentido común. Así que aquí estás, avanzando a lo largo de tu camino y tomando a cada oportunidad que tienes debido a las muchas cosas que te han sucedido. Un día, bebes demasiado y te desmayas. Alguien se aprovecha de ti (violación durante una cita). Estás enfadada, todavía más ahora, por lo que continúas bebiendo mucho. Cada trago empeora lentamente las cosas. Al día siguiente, continuas en tu camino, titubeas y te caes (tomas y conduces y terminas por matar a alguien).

Ahora, las consecuencias de matar a alguien hacen muy difícil que puedas regresar al camino que te traerá la paz. No se puede encontrar la paz a través del consumo de alcohol. La paz viene sólo de tratar con el problema de cara, no de tratar de ahogarlo. Ten cuidado. Cuando tienes una deficiencia, puedes dañarte a ti mismo y a los demás. El veneno en el alcohol es un veneno para ti y para los que te rodean.

La manera de Dios - La verdadera paz viene de perdonar a aquellos que nos han hecho daño y pedirle a Dios que nos sane. Sólo la verdadera paz sanará nuestro dolor, agudizará nuestros sentidos y cambiará positivamente nuestras emociones. La paz viene de saber que hemos conquistado y superado nuestras pruebas con éxito. La paz también viene de permanecer fieles a nosotros mismos, a pesar de lo que nos suceda.

Habrá muchas manzanas venenosas de caramelo en tu vida que te tentarán. Todas ellas tienen sus consecuencias terrenales, y consecuencias potencialmente eternas. Pero hay una manzana venenosa de caramelo que tiene un efecto irreversible sobre ti y sobre todos los que te rodean: el suicidio.

Hambre de compasión

Debido al dolor que sentiremos debido a que los demás abusan de su libre albedrío (por ejemplo, por haber sido violada, abusada, acosado, golpeado o dañado de cualquier otra manera) podemos estar muy necesitados de compasión. Querer compasión significa desear que alguien te escuche, te aconseje y te consuele. Recientemente, ésta se ha convertido en la manzana venenosa de Satanás más tentadora a lo largo del camino de la gente. Satanás te hará creer que si te matas estarás mejor en el otro lado. No te dejes engañar. El suicidio detendrá tu búsqueda en seco.

Recuerda que en la preexistencia hicimos promesas a los demás miembros de nuestra familia, a nuestro Padre Celestial, y a nosotros mismos, sobre conquistar lograr nuestra misión, luchar contra el dragón y salir victoriosos. Si te suicidas, no sólo romperás las promesas que hiciste, sino que además te estarás rindiendo en tu búsqueda para convertirte en un heredero del Reino de Dios. Esa oportunidad se da una sola vez. Además, causará más dolor y sufrimiento a tus seres queridos. Por favor, busca ayuda si estás teniendo pensamientos suicidas. El suicidio no es la respuesta. El veneno del suicidio es mortal aquí y en el más allá.

Encontrar compasión empieza con hablar de nuestras necesidades y deseos con tus seres queridos. Piensa en ello, ¿de qué es de lo primero que Satanás te convence a la hora de considerar el suicidio? De que a nadie le importas o de que entiende tu dolor, ¿verdad? Si no hablas de tu dolor, entonces, por supuesto que no pueden mostrarte compasión o tratar de entender lo que estás pasando. Encontrar compasión empieza con hablar con los demás.

Mi búsqueda de la compasión

Cuando tenía doce años, mi madre se trasladó a California para que yo entrenara y me convirtiera en jugadora de tenis profesional. Después de un año de mi vida con dos familias diferentes, mi madre decidió alquilar su casa en Utah y ella y mi hermana pequeña se mudaron a California. Ella sentía que yo tenía tanto potencial para convertirme en una jugadora profesional de tenis que tenía que empujarme duro.

Cuando se mudó, yo era una estudiante nueva de primer año en una escuela secundaria. No tenía amigos ni nadie con quien hablar y lo único que hacía era jugar al tenis. La mudanza que mi madre hizo por mí, para que fuera una jugadora de tenis profesional, empañó su visión de que todavía era su hija y todavía era una niña. Cada vez que perdía, me gritaba y me forzaba a hacerlo mejor. Durante las peleas, me recordaba que ella se había mudado a California, alquilado su casa, y desarraigado a su familia, para que yo tuviera la oportunidad de convertirme en una jugadora de tenis profesional.

Este patrón de gritos tenía lugar tres o cuatro veces a la semana. La culpa que sentía era inmensa, no sólo porque yo ya no quería jugar más y porque mi madre se había mudado allí por mí, sino porque mi hermana pequeña era miserable estando allí sin amigos tampoco. Por si fuera poco y para añadir más ira a mi madre, mi padre sólo vivía a treinta millas de distancia y ella sabía que yo quería verlo más.

Me sentía atrapada y sin esperanza. No tenía a nadie con quien hablar y no sentía ninguna compasión por parte de mi madre. A medida que continuaba perdiendo, los gritos empeoraban. Después de seis meses de este infierno, lo único que empezaba a ver con buenos ojos era el suicidio. Pero cuando empecé a pensarlo, tuve dudas.

Entonces, una noche, mi mamá y yo tuvimos una gran pelea. Ella agarró un cuchillo y me lo clavó en el estómago, sólo me tocó la piel. Ella sabía que había ido demasiado lejos esta vez. Salí corriendo del apartamento a las diez de la noche, decidida a no volver nunca. Recuerdo que pensé que la vida era demasiado dura y pensé en todas las razones por las cuales estaría mejor dejando este mundo.

Mientras caminaba hacia un parque cerca de nuestra casa, era totalmente inconsciente de lo inseguro que era caminar sola a los trece años de edad y a altas horas de la noche. El lugar en donde vivíamos era conocido por su crimen. Me di cuenta de un hombre que estaba sentado en el parque me miraba. Me pareció curioso, pero mi cólera me cegaba y no podía ni pensar que me fuera a hacer daño. Me senté y me puse a rezar. Le conté al Padre Celestial todas las razones por las que me quería morir y luego le pedí una razón por la que debía seguir viviendo.

No obtuve ninguna respuesta inmediata, así que me levanté para comenzar a caminar. Mientras caminaba por el parque, por fin me di cuenta de que este hombre me miraba. En ese momento fui consciente del hecho de que estaba en una posición peligrosa, así que empecé a caminar hacia mi casa. El hombre empezó a seguirme y yo empecé a caminar más rápido. Cuando miré hacia atrás para ver donde estaba vi que su rostro era tan blanco como un fantasma. De repente, corrió tan rápido como pudo para alejarse de mí.

Me dio la sensación de que tenía un ángel de la guarda que me protegía y que este hombre lo vio. Me di cuenta de que mi misión no había terminado. Sentí en ese momento que si mi Padre Celestial tenía un ángel guardián vigilándome, entonces Él seguramente quería que yo siguiera viviendo. Corrí a casa, salté a la cama y le di las gracias por su protección. Nuestro Padre Celestial me mostró compasión el día en que más lo necesitaba. Él puede hacer lo mismo por ti, pero debes pedirlo.

Buscando alimentos sustanciosos para el alma

Nuestro Padre Celestial nos ama mucho. Él sabe que necesitaremos afecto cuando se nos prive el afecto, necesitaremos amor cuando el amor nos sea retenido, la paz cuando la paz es la última cosa que sintamos, de aceptación cuando nos sintamos solos, y querremos alivio cuando nos estemos ahogando en la desesperación. Por lo tanto, nuestro Padre Celestial nos ha proporcionado los medios para llenar nuestras almas cuando tienen hambre.

Esta comida celestial (árbol de la vida) se encuentra en forma de evangelio de Jesucristo, perdón, relaciones profundas, familias, padres, amigos, expiación, y todos los demás buenos regalos que Él ha puesto en nuestro camino. Para algunos de vosotros, las relaciones profundas, las familias estables, los padres honorables o los buenos amigos pueden faltar en vuestro camino. Pero el evangelio de Jesucristo, el perdón y la reconciliación están siempre disponibles.

Mediante la fe, el arrepentimiento y el bautismo en Su iglesia, y a través del Espíritu, podemos encontrar la paz, el amor, la alegría, las relaciones profundas, y los zapatos indispensables. Los zapatos del evangelio pueden saciar nuestra hambre y evitar que vayamos por caminos oscuros. Por lo tanto, no te dejes engañar por las tentadoras y venenosas manzanas de caramelo de Satanás. Te harán más daño del que te puedas imaginar. Tienen el potencial de detener su progreso, sometiéndote a desafíos más duros en tu búsqueda, haciéndote sentir más débil y confundido acerca de su dirección y, en última instancia, dejándote sin protección contra el dragón y Sus cuerdas de titiritero. Los zapatos del evangelio siempre nos mantendrán un paso por delante de Satanás y nos harán caminar claramente lejos de sus venenosas manzanas de caramelo.

Parte de nuestra misión aquí en la Tierra es lograr el autocontrol, aunque muchos estén cediendo ante cada una de las manzanas de

caramelo que ven. Muchos lo hacen porque no se dan cuenta que están en una búsqueda para regresar a nuestro Padre Celestial, como herederos de su Reino. Como parte de tu primera misión, en el capítulo uno, aprendiste que estás en una misión diseñada por nuestro Padre Celestial para ser probado, juzgado y desafiado con el fin de demostrar que eres digno de ser un heredero de Su Reino. Espero que habiéndote puesto en alerta sobre las intenciones y los planes de colocar tantas manzanas acarameladas como sea posible en tu camino, tomarás mejores decisiones. Recuerda que Satanás no tiene cuerpo. Por lo tanto, Él hará todo lo posible para ayudarte a destruir el tuyo.

La buena noticia sobre el evangelio de Cristo y la expiación es que si has sido tentado por los retos y las dificultades al comer cualquiera de las venenosas manzanas de caramelo de Satanás, puedes ser perdonado. Cuando te arrepientes de las cosas que has hecho mal, se te da el antídoto para el veneno que tienes dentro de tu sistema. Mientras estés vivo, nunca es demasiado tarde. Es sólo una elección. Hoy tienes la opción de elegir empezar de nuevo, tomar mejores decisiones, sanarte de tus malas decisiones, regresar a tu camino y vencer a Satanás.

Tu búsqueda del autocontrol

Comienza tu búsqueda del autocontrol anotando los vacíos o las ansias que tienes en su vida. Luego anota los deseos y las necesidades que sientes que van a satisfacer este hambre.

La segunda misión es encontrar otras maneras (es decir, la fe, el evangelio, el perdón, buenos amigos, relaciones profundas...) que puedan saciar tu hambre. Al encontrar otras maneras de hacer frente a los vacíos que sentimos en nuestra vida, tendremos un mayor control de nuestra vida.

Cuelga en la pared las posibles alternativas que tienes para tu hambre (es decir, el hambre de aceptación, unirse a un equipo deportivo...)

Tu tercera búsqueda del autocontrol es anotar las manzanas de caramelo venenosas que actualmente te estás comiendo. Una vez que hayas reconocido las manzanas de caramelo en tu vida y te hayas dado cuenta de que Satanás está tratando de enviarte por un camino oscuro, anota las maneras de superar estas tentaciones y cortar las cuerdas que ha atado a tu alma. Si te encuentras con algo difícil de superar, busca ayuda, en especial por parte de Dios. Te prometo que te sentirás mejor acerca de tu vida y de ti mismo con un cuerpo limpio y con tus sentidos intactos.

Tu búsqueda final es, escribir lo que vas a hacer hoy y el resto de su vida con el fin de evitar las manzanas de caramelo en tu camino, para que puedas superar esta misión con fidelidad y honradez como herederos del reino de Dios. Eres más fuerte que Satanás; demuéstraselo a él pateando las manzanas de caramelo completamente fuera de tu camino.

Las manzanas de caramelo están aquí para tentarnos

La comida celestial está aquí para darnos de comer

El autocontrol está aquí para fortalecernos

La fuerza nos ayudará a derrotar al dragón

La búsqueda de la esperanza

CAPÍTULO 8

La búsqueda de la esperanza
Descubre tu verdadero sistema de apoyo

uestra búsqueda de la esperanza comienza cuando nos damos cuenta de que necesitamos ayuda a lo largo de nuestro camino. La esperanza tiene lugar cuando tenemos fe en que las cosas en nuestra vida llegarán a pasar. Tener fe es tener esperanza en las cosas que no se ven, pero que son verdad. Por ejemplo, digamos que has comido algunas manzanas venenosas a lo largo de tu vida. Debes tener fe en que, a través del arrepentimiento, la expiación de Cristo te perdonará y sanará, y tener la esperanza en que Dios usará estas experiencias para tu beneficio.

La esperanza es el poder detrás de nuestro esfuerzo para vivir, cambiar, sufrir y completar nuestra misión, a pesar de haber sido golpeados, heridos, envenenados, desafiados y probados. El cambio es la parte más grande que tiene la esperanza en nuestra vida. Durante nuestra misión, todos nos vamos a equivocar. Si no tenemos esperanza en que podemos cambiar y ser perdonados entonces ¿por qué intentarlo?

La esperanza es lo que nos ayuda a perdonar, vivir y confiar de nuevo cuando se nos ha hecho daño, herido y golpeado. A veces, cuando todo parece perdido, lo único que podemos hacer es tener esperanza en un futuro mejor, la esperanza de que vayamos a ser sanados, la esperanza de que nuestra vida vaya a salir bien y la esperanza de que seremos bendecidos por nuestras buenas obras. Sin esperanza, viviríamos en la oscuridad.

A través de la expiación de Cristo, nuestro Padre Celestial trajo esperanza como una luz en la oscuridad, la paz en la desesperación, fuerza al cansado, sanación a los enfermos y fe en lo desconocido.

Sin esperanza en nuestras vidas, en muchas de nuestras pruebas estaríamos perdidos, seríamos despiadados, estaríamos llenos de odio y no estaríamos dispuestos a cambiar. La esperanza es lo que nos ayuda a ser desinteresados, amables, cariñosos, generosos y compasivos. La esperanza es lo que Satanás está intentando arrebatarnos. Si no tuviéramos esperanza de que nuestras obras serán premiadas o de que el cambio es posible, entonces viviríamos una vida basada en deseos egoístas, actos malvados y una vida desenfrenada. Tener fe en que la expiación limpie nuestros pecados y esperanza en que la misericordia de Cristo compensará la diferencia, nos ayudará a terminar nuestra misión con honor.

🔻 Un ángel de la guarda terrenal

La esperanza es esencial teniendo tantas pruebas y obstáculos a lo largo de nuestro camino. La ayuda de los unos a otros puede ayudarnos a mantener nuestras esperanzas cuando los obstáculos se vuelvan muy difíciles. Por lo tanto, todos deberíamos tener a alguien que crea en nosotros, y que nos apoye y nos anime a tomar buenas decisiones. Alguien que estará allí para ti cuando estés luchando por decidir qué dirección tomar, cuando tengas que alejarte de las tentaciones de Satanás, y cuando estés deprimido. Este alguien le llamaré ángel de la guarda terrenal.

Un ángel de la guarda terrenal es alguien que te ayudará a cambiar, a arreglar las cosas cuando te has equivocado y que estará allí para ayudarte a luchar contra el dragón. Todo el mundo en la Tierra debería tener al menos una persona que le ayudara a tener éxito en su búsqueda.

Nuestro Padre Celestial nunca pretendió que lleváramos a cabo esta misión solos. Aunque tomar buenas decisiones depende de nosotros, nuestro Padre Celestial ha puesto a la familia, los amigos y otras personas en nuestras vidas para que nos ayuden cuando estemos confundidos acerca de que decisiones tomar. Todos necesitamos a alguien que nos ayude a mantener nuestras esperanzas cuando nos sentimos deprimidos y desanimados.

Cuando tratemos de cambiar y hacer lo que es correcto, Satanás será todavía más persistente en intentar que nos equivoquemos de nuevo. Pero cuando son dos las personas que luchan contra el dragón, sus posibilidades de éxito se duplican. Por lo tanto, es muy importante encontrar a alguien aquí en la Tierra con quien te puedas aconsejar, que te escuche y con quien puedas compartir ideas. Si nuestro Padre Celestial quisiera que completáramos esta misión solos, entonces cada uno de nosotros hubiera nacido en nuestra propia isla.

Todo el mundo necesita a alguien que le pueda dar información y que sea honesto con ellos. Un ángel de la guarda terrenal es alguien que te sirve de control y que te equilibre para que puedas asegurarte de que tus ideas no son una locura o que no van a perjudicar a otra persona cuando sientes que tu ira crece.

Un ejemplo perfecto es el reciente tiroteo en la sala de cine, el 20 de julio de 2012, en Aurora, Colorado, durante la proyección de medianoche de la película The Dark Knight Rises. En este ejemplo, el tirador era solitario, silencioso y estaba enojado. O bien él no dijo nada a nadie de sus intenciones ni compartió sus sentimientos, o bien no se le estaba escuchando. ¿Pudieran haber sido diferentes las cosas si él hubiera tenido un ángel de la guarda terrenal en su vida?

Mi búsqueda de la esperanza

Durante mi segundo año en la escuela secundaria, yo vivía en California con mi papá. Me encontraba con una necesidad desesperada de ayuda porque mi mamá estaba muy molesta por haber huido. Ella hizo todo lo posible por hacerme volver, incluso, se puso en contacto con mi entrenador de tenis, el director de mi escuela y la gente en mi iglesia para explicarles el terrible error que yo había cometido. Les dijo que mi padre me estaba lavando el cerebro y que yo era una víctima y necesitaba el consejo de alguien.

Ella me escribía cartas todas las semanas diciéndome cómo había arruinado su vida, que era la hija del diablo, que se iba a suicidar, que había abandonado a mi hermana pequeña y lo mucho que me necesitaba. La culpa me estaba destruyendo. En realidad estaba pensando en volver a vivir con ella. Hubiera sido el peor error de mi vida.

Yo estaba muy confundida y deprimida, y cuando le pedía consejo a mi padre, me decía que estaba loca y que no me preocupara por ello. Por desgracia, yo era el tipo de chica que sí se preocupaba por ello. No podía soportar herir los sentimientos de otra persona. No tenía amigos con quien hablar y, aunque mi padre estaba tratando de ayudarme, él era tendencioso. Él no la podía soportar. Lo que más hizo mella en mí fue que dijera que iba a suicidarse. Me di cuenta de que no podía superar esto sola. Entonces, le pedí a Dios que me ayudara y que me mandara a alguien que pudiera ayudarme a superar esto, porque yo sentía que me estaba ahogando.

Nuestro Padre Celestial me envió un ángel de la guarda terrenal. Ella era un líder en el grupo de mujeres jóvenes en mi iglesia; su nombre era Cindy. Cindy se dio cuenta que estaba sufriendo y que me sentía desanimada y deprimida. Me ayudó a creer que estaba en el lugar correcto y que había tomado una buena decisión al dejar a mi madre, sobre todo después de las historias que le conté acerca de lo que mi madre me había hecho y me estaba haciendo. Me explicó que ahora que estaba en un ambiente sano, podría empezar la curación de todo el infierno que había pasado.

Hubo momentos en los que empezaba a dudar de nuevo, pero yo sabía que podía llamar y pasar por allá y hablar con Cindy. En esos malos días de duda, hablábamos por horas. Ella ponía su brazo alrededor mío y me decía que todo estaría bien. Creo que sin la ayuda y los ánimos de Cindy, me hubiera ahogado en mi desesperación y confusión.

El ahogo

Habrá momentos a lo largo de tu búsqueda que sentirás que todo está perdido. En momentos como estos, es importante encontrar a alguien que crea en ti, que te escuche, te aconseje y te ayude con tus pruebas y desafíos.

Por ejemplo: mientras avanzas en tu búsqueda te encuentras con un pequeño lago. Ahora, la única manera de llegar al otro lado de éste es a través de él. Afortunadamente, se ve una pequeña barca en la orilla. Antes de subir, te sientes muy nervioso porque no sabes nadar. No saber nadar es como que tus padres se divorcien, o que te acaben de hacer daño. No sabes qué hacer, cómo actuar o en qué creer.

Consigues el valor para subir a la barca sin chaleco salvavidas y empiezas a remar hacia el otro lado. De repente, de la nada, un fuerte viento empieza a mover el bote. Tratas desesperadamente de hacer todo lo posible para que el bote no voltee, pero por desgracia, lo hace de todos modos. ¿Qué haces? ¿Te puedes salvar a ti mismo si no sabes nadar? No. Necesitas a alguien que sepa nadar para salvarte. Un ángel de la guarda terrenal es alguien que te salvará de ahogarte en tus pensamientos, en tu desesperación, en tu soledad y en tu vida.

A veces, la diferencia entre la vida y la muerte puede ser tener un ángel de la guarda terrenal. Tu ángel te puede ayudar a mantenerte en el camino y a tomar las decisiones difíciles. Tu ángel puede animarte a llevar a cabo las buenas ideas y desalentarte en las malas.

Aprende a nadar

Cuando la barca se voltea en el centro del lago y no sabes nadar, tu ángel de la guarda terrenal te ayuda a salvarte, está genial. Sin embargo, es importante que aprendas a nadar para que puedas cruzar otros lagos a lo largo de tu camino en el futuro. El mejor regalo que un ángel de la guarda terrenal puede hacerte es que te enseñe a nadar. Cuando él o ella te enseñe ideas, principios y conceptos, es importante aplicar estas enseñanzas en tu vida. Cuando lo hagas, comenzarás a fortalecer tu confianza en ti mismo y empezarás a confiar en tus propios sentimientos y puntos de vista.

¿Por qué aprender a nadar es tan importante? No debemos depender tanto de este ángel de la guarda terrenal, hasta el punto que lleguemos a creer que no podemos tener éxito sin él. Cuando me estaba ahogando, Cindy estaba allí mucho, al principio. Con el tiempo, se me hizo cada vez menos necesario recurrir a ella porque empecé confiar en mis propios sentimientos. Un ángel de la guarda terrenal está allí para ayudarte a empezar a creer en ti mismo y hacerte más fuerte.

Dios siempre está ahí

Un segundo tipo de ángel terrenal

Si te está resultando difícil encontrar a alguien que te ayude aquí en la Tierra, ora y pídele a Dios que te envíe a alguien. Si se lo pides, Él te enviará a alguien. Puede que no sea mañana o la próxima semana, pero sigue pidiéndolo y Él te enviará a alguien perfecto aquí en la Tierra. Si te encuentras que una situación calamitosa, Dios puede que te envíe el segundo tipo de ángel de la guarda, como un familiar fallecido, como lo hizo por mí en el parque.

Nuestro Padre Celestial y Jesucristo lo saben todo. Ellos saben lo que necesitas y cuando lo necesitas. Pero no pueden estar físicamente en dos lugares a la vez, porque no tienen un cuerpo como el nuestro. Por lo tanto, delegan a familiares en el otro lado (que tienen lazos familiares fuertes en ambos lados del velo) que tienen el conocimiento y la fuerza que necesitas en el momento.

Los ángeles guardianes en el otro lado del velo que nos pueden ayudar aquí, suelen ser familiares fallecidos. A través de la dirección de Jesucristo, nos van a ayudar cuando se lo pidamos y necesitemos ayuda. No dejes que Satanás te convenza de que estás aquí solo en la Tierra. Con nuestro Padre Celestial y Jesucristo y los que se han ido antes que nosotros, nunca estamos solos.

¡Cuidado con los ardientes dardos de mentiras de Satanás!

Estás solo

Oración

A pesar de que nuestro Padre Celestial conoce nuestras necesidades y deseos, tiene que esperar hasta que se lo pidamos. Si nuestro Padre Celestial nos diera todo lo que necesitamos, cuando lo necesitamos, sin que nadie se lo pida, entonces sería entrometerse en nuestro libre albedrío. A través de la oración, todos nuestros deseos, necesidades y sueños se nos pueden otorgar, si son correctos y si se lo pedimos. En la Biblia hay más de una docena de escrituras que hablan de "pedid y recibiréis", porque es muy importante que le pidamos a fin de recibir.

Puede haber ocasiones en que no hayas pedido algo que de todas formas te fue concedido. Lo más probable, en estas ocasiones en que otros hayan estado orando por ti. Si otros oran por nosotros, eso le permite a nuestro Padre Celestial contestar las oraciones, sin quitar el libre albedrío. La oración es tan poderosa, que nos puede ayudar a superar cualquier brecha en nuestra vida que haya que brincar.

La oración no solo es importante para que se cumplan nuestras necesidades y expectativas. También es una forma que tiene nuestro Padre Celestial para ayudarnos sin quitarnos el libre albedrío. Cuando tenía diecinueve años, solía conducir entre la casa de mi hermano y la casa en la que yo vivía. Este tramo pasaba a través de un cañón con fuertes curvas cada cien metros, sin farolas, ni lugar para detenerse y de sólo dos carriles muy estrechos.

Una noche, cuando me sentía particularmente cansada oré por llegar a casa con seguridad. Todo iba bien y me mantuve despierta hasta la mitad del camino a través del cañón. Me quedé dormida al volante y momentos antes de salir hacia el acantilado, algo me despertó y fui capaz de girar a tiempo. Yo creo que gracias a que oré por mi seguridad, nuestro Padre Celestial pudo dar respuesta a mis oraciones sin quitarme mi libre albedrío ni cumplir con las consecuencias naturales de caerme por un precipicio por quedarme dormida.

Si oramos, Él nos puede avisar antes de que algo malo suceda, nos puede fortalece cuando estamos tentados y puede inspirar a alguien para que nos ayude con nuestras necesidades. La oración tiene el poder de guiarnos a través de cualquier carrera de obstáculos muy difícil sin quitarnos el libre albedrío. La oración nos permite regresar a casa sin importar lo que suceda en nuestras vidas.

Nuestro Padre Celestial da respuesta a las oraciones de una de las dos maneras. En primer lugar, por medio del Espíritu dirigiéndonos personalmente a través de puntos de vista, ideas y sentimientos. En segundo lugar, a través de otras personas. Nuestro Padre Celestial usa a otros, en nuestras vidas, para responder a nuestras oraciones. Lo hace porque no puede bajar Él mismo, ni contestar y les da a otros la oportunidad de servir. Dicho esto, cuando ores para que nuestro Padre Celestial te ayude con una cierta necesidad, prueba o desafío, asegúrate de que tus ojos están abiertos a todas las posibilidades. Algunas personas no reconocen que les ha contestado porque están esperando que la oración sea respondida de una manera determinada. Las respuestas pueden tener muchas formas, por lo que hay que estar abiertos a todas las posibilidades.

Cree en Dios

Espero haber restablecido tu fe en Dios habiendo clarificado quién es el culpable cuando otras personas nos perjudican. Creer en Dios, Su plan, Su evangelio, la misión a la que te ha enviado y en Su recompensa eterna para ti, es mucho más importante que cualquier otra creencia que vas a necesitar en la Tierra. Creer en Dios conlleva una esperanza inquebrantable.

Si creemos en Dios, entonces creeremos en Su plan. Si creemos en Su plan, entonces creeremos que Él ha restaurado Su evangelio por medio de Jesucristo en la Tierra. Si creemos que Él ha restablecido Su evangelio en la Tierra por medio de Jesucristo, entonces podemos creer que Él nos ha dado un camino a casa a través de la expiación. Si creemos en la expiación y en las otras herramientas (como la armadura de Dios de la que Él habló en la preexistencia), entonces Él debe habernos dado las fortalezas, los dones, los talentos y otras cosas que nos ayudarán a lograr nuestra misión. Si creemos que todas estas cosas, entonces podemos pensar que nuestra familia también la escogimos nosotros, así como nuestras pruebas. En resumen, podemos creer que Él nos hizo lo suficientemente fuertes para hacer cualquier cosa.

Creer en Dios nos ayuda a creer en nuestras propias habilidades para tener éxito. Si podemos creer que podemos tener éxito en nuestra misión, entonces, habremos disminuido en gran medida el poder de Satanás sobre nosotros. Una vez disminuido el poder de Satanás sobre nosotros, podemos vencerlo y volver a casa con honor como herederos del Reino de Dios. El hecho de creer que Dios es tan poderoso que iniciará un efecto dominó en todo lo que hay que creer para volver a casa.

El casco de la salvación (esperanza) es esencial en cualquier batalla, especialmente en la batalla contra Satanás. Si no tenemos esperanza de que nuestros esfuerzos sean recompensados, Satanás lo usará para crear miedo y duda en nosotros mismos y en Dios. Ponte el casco de

Salvación

Salmos 27:1, "el Señor es
mi luz y mi salvación, ¿
quién temeré?..."

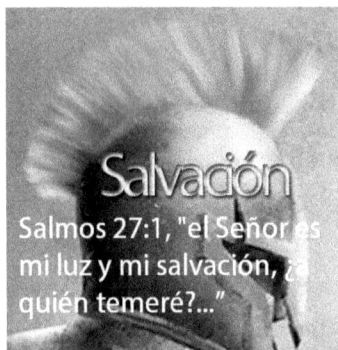

la esperanza y cree que con la ayuda de Dios puedes lograr cualquier cosa, incluyendo un trono.

Cree en Dios y en ti mismo. Ten fe y esperanza en que, a través de la expiación de Jesucristo, puedes completar tu búsqueda. Acércate a los que están aquí en la Tierra que pueden ayudarte cuando las cosas se ponen difíciles y ora. Pide a Dios las cosas que necesitas. Cualquiera puede llegar a casa si busca el consejo de Dios, sigue su guía, se esfuerza en hacer lo mejor, acepta la ayuda de los demás y cree en sí mismo.

Tu búsqueda de la esperanza

Tu primera misión es determinar si tienes esperanza. Ten esperanza en que las cosas serán buenas o mejores, en que podrás superar tus obstáculos y en que podrás llegar a casa victorioso. Si encuentras que te faltan algunas de tus esperanzas, anota por qué y tratar de corregirlo.

Tu segunda misión es encontrar a alguien en tu vida que pueda ser tu ángel de la guarda terrenal. Alguien que te escuche, te aconsejo, te guíe y, finalmente, te enseñe a nadar. Si no tienes a nadie, pídele a nuestro Padre Celestial que te envíe a alguien perfecto para ti.

La tercera misión es para quién tiene una necesidad. Pídele a Dios que haga que algún miembro de tu familia, en el otro lado del velo, te ayude.

Tu última misión es preguntarte a ti mismo: ¿Crees que puedes vencer a Satanás y sus tentaciones y volver a casa con Dios? Si no crees poder hacerlo, escribe por qué y luego ora y pídele a Dios que te ayude a cambiar de opinión. Tu misión es cambiar esa creencia y tener esperanza de nuevo.

Ten esperanza en las cosas que no
se ven, pero que son ciertas

Cree en Dios y en ti mismo

Encuentra un ángel de la guarda terrenal
que te pueda ayudar a crecer

Confía en que Dios te enviará lo que
necesites cuando lo necesites, al orar

confusión

perdón

familia

La búsqueda de la felicidad

CAPÍTULO 9

La búsqueda de la felicidad

Descubre dónde está la felicidad

Tu búsqueda de la felicidad aquí en la Tierra y en la eternidad se basará en las decisiones que tomes cada día. Nuestro Padre Celestial tratará de guiarnos todos los días con las herramientas que nos ha dado para ayudarnos en nuestra búsqueda. Del mismo modo, Satanás tratará de ser nuestro titiritero cada día para que caigamos en la tentación. Puedes elegir cada día si sigues el plan de nuestro Padre Celestial hacia la felicidad aquí y en la eternidad, o si sigues el plan de Satanás, que tiene como objetivo que fracases en tu búsqueda, que renuncies a tu recompensa eterna y que seas tan miserable como él es.

Todos los días, te enfrentarás con la lucha entre el bien y el mal. ¿Eliges el camino lleno de oscuridad o el camino lleno de luz? Satanás te tentará para que elijas las puertas de oscuridad usando los medios de comunicación y malos ejemplos. Debemos usar las herramientas que Dios nos ha dado (el Espíritu, la armadura...) para discernir cuando Satanás está haciendo esto. Satanás no te va a mostrar la oscuridad evidente en el exterior de las puertas (el pecado). Él te mostrará gente que parece "libre" y que se divierte.

¡Cuidado con los ardientes dardos de mentiras de Satanás!

El Pecado es Libertad

Al igual que la manzana de caramelo, Satanás hará que el pecado se vea tan tentador y dulce como sea posible para que te atraiga. Una vez te tenga, Satanás cerrará las puertas detrás de ti, haciéndote creer que están bloqueadas o que no puedes cambiar de opinión ni irte. Te equivoques hoy o mañana, siempre tienes la opción de regresarte por esa puerta que te tentó inicialmente. Cuidado con el plan de engaño de Satanás. Él tiene una manera curiosa de engañarnos cuando estamos pensando en tomar buenas decisiones.

Cuando tomes decisiones, trata de recordar por qué estás aquí, quién eres y dónde te puede llevar la búsqueda.

Recuerda siempre estas creencias BÁSICAS:

- ¿Quién eres?- Un hijo de Dios
- ¿Por qué estás aquí? – Para hacer una prueba – ir a una misión
- ¿Dónde irás cuando mueras? – Eso depende de ti…

El poder del ahora

Tienes la opción de decidir ahora cómo será tu vida. Te pueden haber pasado cosas que pueden haberte herido profundamente. No se puede cambiar el pasado, pero puedes decidir, en el presente, lo que afectará tu futuro. Echarle la culpa a tus padres, a Dios o a cualquier otra persona por lo que tú decidiste hacer con tu vida hasta el momento, no sólo te mantendrá atrapado en el pasado y perdido en el presente, sino que también te mantendrá confundido sobre el futuro. No importa lo que te haya sucedido, tienes el poder y la fuerza interior para tomar decisiones diferentes, ser feliz y todavía vencer al dragón.

Recuerda, siempre, que no puedes cambiar el pasado. Es posible que hayas decidido comer algunas manzanas de caramelo, u otros pueden haberte dañado cuando abusaron de su libre albedrío. No importa lo que haya sucedido, puedes decidir completar tu búsqueda o renunciar. Si renuncias, Satanás habrá ganado. Si decides ahora que quieres regresar a tu camino y avanzar como un heredero del Reino de Dios, entonces ganas tú.

Por ejemplo: Digamos que en este momento de tu búsqueda has caído por tres acantilados (drogas), dos montañas (porno), y casi te ahogas en un lago (pensamientos suicidas). También has resultado herido (abusado), golpeado (físicamente), y empujado (intimidado). ¿Qué haces? ¿Dejas que los momentos pasados definan quién eres, o recuperas tu vida de las garras de Satanás y dejas que este siguiente momento defina lo que eres? Si estuvieras viendo una película y vieras a alguien caerse tres acantilados, dos laderas de montañas y casi ahogarse en un lago, mientras está siendo golpeado, herido y acosado y luego se sacude el polvo, se poner la necesaria tirita y vuelve a intentarlo, ¿no lo verías como un héroe cuando decidió que valía la pena luchar por su vida, sin importarle lo que le hubiera sucedido en el pasado?

> A todo el mundo, hasta la muerte, se le da la oportunidad de cambiar, arrepentirse y volver a estar sano. Si pueden lograr la misión, entonces van a ser capaces de recibirlo todo de nuestro Padre Celestial

Perspectiva

¿Sabías que Dios guardó a los mejores y los más fuertes para el final? Dios necesitaba sus espíritus más fuertes en la Tierra antes de que Jesucristo regresara. Él sabía que Satanás usaría todo su poder, la tentación y los malos designios para frustrar los planes de Cristo para el regreso.

Jesucristo nos necesita tan fuertes como lo estábamos en la pre-existencia (guerreros de la luz), como para luchar contra los males de Satanás y Sus seguidores. Para demostrar mi punto, ¿te has dado cuenta que hay más confusión, tentación, mal, abuso y violencia ahora en el mundo que nunca antes? Nuestro Padre Celestial sabía que cada uno de nosotros sería lo suficientemente fuerte como para vencer a Satanás y a Sus seguidores, o de lo contrario Él no nos hubiera enviado aquí cuando el mundo iba a estar en su punto más oscuro.

Aunque tenemos muchos más obstáculos que los otros que vinieron antes que nosotros, Dios no nos hubiera enviado aquí si no fuéramos lo suficientemente fuertes como para superar los obstáculos. De hecho, Dios no se limitó a enviar al más fuerte, sino también a los más talentosos, dotados y sabios que pudo con el fin de preparar la segunda llegada de Cristo. Tienes una vocación o una misión especial para este día y época. Puede que sea ayudar a tu familia u otra cosa. De cualquier manera, nuestro Padre Celestial te necesita para tomar buenas decisiones con una perspectiva eterna.

Perspectiva Eterna

¿Y si pudieras volver a la preexistencia y verte a ti mismo lograr esta búsqueda. ¿Qué provocaría eso en ti? ¿Te ayudaría a creer que esta vida Terrenal es una prueba para derrotar al dragón de todas las mentiras, una prueba para que no comas las manzanas de caramelo, una prueba para creer en Dios, a pesar de lo que los otros nos hacen y una prueba para ver si avanzaremos gracias a la expiación, sin importar lo que la vida nos depare?

¿Por qué no nos mirarnos a nosotros mismos y nuestras vidas con una perspectiva eterna? Si pudieras creer de corazón que esta misión consiste en demostrar que eres digno como príncipe o princesa de un Rey Celestial, ¿no lucharías más, serías mejor, pensarías más sabiamente y sabrías que podrías tener éxito? Todo es cuestión de perspectiva. Si pudiéramos tener una perspectiva eterna de lo que nos sucede en esta vida, entonces cada uno de nosotros no se preocuparía por las cosas pequeñas, sino en superar las cosas grandes y en hacer todo lo posible para luchar por el premio.

Digamos que provenías de una familia divorciada, con un padre alcohólico y un tío pervertido que te había tocado. ¿Qué provocaría en ti no tener ni idea de por qué estás en la Tierra? Mucha gente dejaría que todo eso los definiera y se meterían en drogas, alcohol, sexo pre-marital e incluso se suicidarían. Pero si tuvieras una perspectiva eterna y vieras lo que te pasó como el resultado de las malas decisiones de los demás, y te dieras cuenta de que esta es una de tus pruebas, ¿no tratarías de superarla para ser una princesa? ¿No te animaría a seguir adelante, te sacudirías el polvo, te pondrías tiritas en donde las necesitaras y luego estarías lista para subir a la siguiente montaña? Si todos pudiéramos ver cada prueba y cada desafío como una piedra en el camino y algo que tenemos que aprender, perdonar y superar, ¿no utilizaríamos esas pruebas como fortalecedores de caracteres y trampolines en nuestro camino para recibir nuestra recompensa eterna?

Esta misión nunca tuvo que ser fácil, sólo vale la pena.

Si supieras ahora mismo que estuviste de acuerdo en la preexistencia en someterte a las pruebas en tu vida, ¿no te daría eso la fuerza y el poder para superarlas? No hubiéramos estado de acuerdo con ninguna prueba que no pudiéramos superar. Tampoco, nuestro Padre Celestial, hubiera permitido que estos desafíos fueran colocados en nuestro camino si Él no creyera que podríamos superarlos. Satanás es el que quiere cegar nuestros ojos, ensordecer nuestros oídos, cerrar nuestros corazones y adormecer nuestras mentes sobre el hecho que estamos en una misión para convertirnos en príncipes y princesas en el Reino de Dios. No dudes de tu valía individual ni de tu digno destino, ya que la duda trae la oscuridad a la mente, lo que nos puede llevar por caminos peligrosos.

La duda

La duda trae miedo. Donde hay miedo, no hay fe. Si no tenemos fe en que Dios nos dio lo que nos sería necesario para superar nuestras dificultades y desafíos, entonces no vamos a superar nuestras pruebas ni nuestros desafíos, sino que solo los enmascararemos con todas las manzanas de caramelo para adormecer el dolor. La duda-en nosotros mismos y en Dios, es una de las principales herramientas de Satanás. Nuestro Padre Celestial nos ha dado la luz de Cristo para distinguir entre el bien y el mal. Satanás lo sabe y Él nos hará dudar justo después de recibir una respuesta de Dios.

¡Cuidado con los ardientes dardos de mentiras de Satanás!

No puedes hacerlo

Si dudamos constantemente de nosotros mismos y del Dios que nos ha enviado, nos encontraremos rodeados de problemas, de oscuridad, incredulidad, preocupación y autoestima. Cuando dejemos de creer en nosotros mismos, empezaremos a seguir a la multitud. Por lo general, será una multitud que toma malas decisiones. Cuando empecemos s a tomar malas decisiones, Satanás nos alimentará con más dudas de las que podamos superar. Cuando sientas que ya no puedes cambiar nunca ni volver a tu camino, te sentirás perdido. La desesperanza se produce cuando Satanás nos convence de que esta vida no tiene ningún propósito, que no hay Dios. Así que vive la vida, porque cuando muramos se habrá acabado todo.

Satanás intentará llevarnos a las zonas más oscuras de nuestras mentes, cuerpos, familias y amigos, para poder frustrar nuestro potencial. No dejes que las dudas gobiernen tu mundo. Cree en Dios y en ti mismo y en la misión en la que te encuentras.

Eres lo suficientemente fuerte

Eres es lo suficientemente fuerte y tienes el potencial de convertirte en un príncipe y una princesa en el Reino de Dios. Tienes todo lo que necesitas aquí en la Tierra para superar cualquier cosa en tu misión de regreso a casa. Dios te ha dado fuerza, talento, dones, familia, el perdón, la reconciliación, la luz de Cristo, la armadura de Dios, el evangelio de Cristo, los ángeles de la guarda, la oración y todo lo que necesitas para vencer al dragón y salir victorioso.

Nunca es demasiado tarde para cambiar. A pesar de la oscuridad que te puede rodear, siempre tienes una opción. Dios se aseguró de que tienes una manera de atraer cielos brillantes, mejor comida, victorias más felices y una perspectiva eterna. Somos lo suficientemente fuertes como para derrotar a Satanás y ganar nuestra recompensa.

Mi búsqueda de la felicidad

Yo soy la undécima de doce hijos, y sin embargo, nunca me sentí parte de una familia. Viví con seis familias diferentes, me trasladé treinta veces hasta a mi trigésimo año y he estado confundida acerca de un montón de cosas en mi vida. Después de escaparme de mi madre, me fui a vivir con mi padre por dos años. Durante mi último año en la escuela, él y mi madrastra se divorciaron, así que me mudé. Me fui a vivir con una amiga durante seis meses. Debido a que no había espacio suficiente para mí, me fui a vivir con otra familia.

Me sentí muy perdida y sola. No sabía a dónde pertenecía, con quién hablar, o lo que mi futuro me deparaba. Me hirieron a menudo aquellos a los que yo consideraba amigos cercanos a través de chismes, mentiras y hombres. Me alegré cuando hube terminado la escuela secundaria para poder empezar de nuevo en otro lugar y otra parte de mi vida.

El primer año fuera de la escuela secundaria, viví con mi hermano, pero todavía no era muy feliz. Decidí volver con mi mamá y tratar otra vez. Duramos un mes. Todavía no nos mirábamos a los ojos. Mientras me sentía perdida y sola, una de mis hermanas me mencionó un curso que había tomado. Un curso que le había ayudado a perdonar a los que le habían hecho daño, a volver a conectar con Dios y a descubrir quién era en realidad.

Fui a este curso de tres días y me sentí iluminada y animada. No tenía nada que ver con lo que hicieron, sino con lo que enseñaban. Ellos me mostraron lo que ahora te estoy enseñando a ti, excepto que en este caso yo incluyo el propósito de la vida. Debemos perdonar a los que nos han hecho daño. Si no lo hacemos, la oscuridad siempre nos seguirá. Tenemos que creer en nosotros mismos y en el Dios que nos ha enviado. Debemos amar a nuestra familia, sin importar lo que haya pasado. Hay que asegurarse de que hay límites seguros para nosotros en todas nuestras relaciones. Las buenas decisiones siempre nos traen alegría y las malas decisiones siempre hacen nuestra vida más difícil.

Siempre he tenido una relación con Dios y he creído que Él tenía un propósito para mí aquí en la Tierra. Pero, me volví la persona más feliz cuando me di cuenta que no tenía que ser perfecta, que perdonar a los demás es una necesidad y que yo era lo suficientemente fuerte como para superar cualquier prueba o reto que se me presente. Una vez que aceptas y crees que estás aquí en una búsqueda, a continuación, se puede ser feliz pase lo que pase en tu vida, perdonando a los que te han hecho daño y acercándote a Dios.

Tu Búsqueda de la Felicidad

Tu primera misión es descubrir por qué estás triste. ¿No eres feliz porque los pensamientos del pasado te siguen consumiendo tu mente con dolor y daño? ¿No eres feliz porque todavía sientes que no puedes completar tu búsqueda? ¿No eres feliz porque sientes que no hay manera de regresar? Una vez que hayas descubierto por qué no eres feliz, tendrás el poder para cambiar tu punto de vista, decirle a Satanás que se vaya al infierno y empezar a tomar mejores decisiones.

Cuelga en la pared las buenas decisiones que ahora vas a empezar a tomar.

Tu segunda misión es comenzar a tomar mejores decisiones. Esto comienza observando la vida con una perspectiva eterna. Por ejemplo: Si tus padres están divorciados, ve eso como algo que se puede aprender a hacer de manera diferente. Si has sido herido por otros, ve lo qué puedes aprender de ello, perdónalos y ayuda a los demás a que no les suceda lo mismo. Empieza a ver cómo puedes utilizar sus pruebas y desafíos como elementos constructivos y escalones para llegar a mayores alturas. Cambiar tu perspectiva a una perspectiva eterna cambiará la manera cómo superarás las cosas a partir de ahora.

Tu tercera misión es la búsqueda de las áreas de tu vida donde tienes dudas. Si estás dudando, entonces ¿por qué? ¿No te sientes lo suficientemente fuerte? ¿Sientes que no puedes cambiar? ¿Sientes que Dios no te ayudará? Descubre cómo puedes cambiar de la duda a la fe. También puedes pedirle a Dios que te ayude a aumentar tu fe y a creer más en ti mismo.

Tu cuarta misión es ser feliz. Si dudas, tienes miedo, tomas malas decisiones y usas una perspectiva Terrenal no encontrarás felicidad, sean las circunstancias que sean. Si puedes verlo todo como un desafío que habías aceptado, podrás tener confianza en ti mismo ahora-dado que supiste, una vez (en la preexistencia) que podías superar cualquier cosa. Encuentra cosas buenas que te hagan feliz y trata de hacerlas todos los días.

Hoy es el día. Ahora es el momento de cambiar tu perspectiva.

Ten fe en Dios y en ti mismo y en que puedes superar cualquier cosa.

Recuerda que debes animarte durante las pruebas, dado que puedes ser el príncipe o la princesa que Dios quiere que seas.

La búsqueda de la vida eterna

CAPÍTULO 10

La búsqueda de la vida eterna
Descubre tu verdadero potencial

speremos que, a estas alturas, ya te hayas dado cuenta de que esta vida Terrenal es una prueba. ¿Vamos a seguir a nuestro Padre Celestial tomando buenas decisiones y usando la expiación, o en cambio, seguiremos a Satanás, cederemos ante la tentación y tomaremos malas decisiones?

Cada decisión-grande y pequeña-cuenta en esta Tierra. Si tomamos pequeñas buenas decisiones, entonces, las grandes decisiones serán más fáciles de tomar sabiamente. Por otro lado, si tomamos pequeñas malas decisiones, entonces las grandes decisiones llegarán al mismo resultado.

Nuestra misión aquí en la tierra estará llena de decisiones todos los días. Y esas decisiones nos llevarán por ciertos caminos. La pregunta es: ¿qué camino vas a elegir?

¿El camino que le llevará de vuelta a tu Rey Celestial y a obtener tu recompensa eterna, porque ya que derrotaste al dragón?

¿El camino fácil, muy transitado, lleno de manzanas de caramelo, de una vida desenfrenada, de deseos egoístas y de malas decisiones?

¿O el camino que tiene algunos terrenos difíciles, aunque nada demasiado difícil, porque no quieres invertirle demasiada energía?

Cada misión Terrenal será recompensada. Por supuesto, algunos premios serán mejores que otros. Nuestro Padre Celestial se aseguró de que todo el mundo fuera juzgado justamente de acuerdo a sus obras y acciones en la Tierra. Por lo tanto, hay tres grados de gloria, o tres reinos diferentes, que serán las casas de todos en la Tierra, según la valentía de la persona durante la misión.

El más allá

Ya hemos hablado del lugar donde vivíamos antes de venir a la Tierra. En la preexistencia, todos los que lucharon del lado del Salvador fueron nombrados caballeros con un cuerpo y bendecidos con el libre albedrío. Una vez que llegamos a la Tierra, nos pusieron en un camino de pruebas y desafíos, pero también con fortalezas, talentos y dones. Nuestras decisiones aquí determinarán el lugar donde viviremos después de la muerte-por toda la eternidad. En otras palabras, pasamos nuestra primera prueba de fidelidad en la preexistencia, por lo que se nos da la oportunidad de tomar la segunda prueba aquí en la Tierra. Nuestro desempeño en la segunda prueba determinará dónde viviremos por toda la eternidad.

Una vez muertos, seremos juzgados por cómo lo hemos hecho en esta tierra, como se dice en Apocalipsis 02:23, "... Yo soy el que escudriña las mentes y los corazones, y les daré a cada uno según sus obras". Por lo tanto, cuánto demuestres que eres digno aquí en la Tierra, determinará qué reino obtendrás.

La muerte no es el final, sino simplemente un tipo de inicio

Mundo de los espíritus

Una vez muertos, tu espíritu y tu cuerpo serán separados. Tu cuerpo será colocado en el sepulcro donde permanecerá temporalmente. Tu espíritu se mueve en el mundo de los espíritus. Si alguna vez has estado en un funeral te habrás dado cuenta que la persona fallecida no se ve natural. Al cuerpo parece que le falta algo. Nuestros cuerpos albergan nuestros espíritus. Una vez muertos, nuestro cuerpo se vuelve vacío.

Nuestro espíritu va al lugar llamado mundo de los espíritus. El mundo de los espíritus se divide en dos partes: el paraíso espiritual y la prisión espiritual. Hay algunas religiones que creen que el mundo espiritual se divide en el Cielo y el Infierno, y que es el lugar de descanso final de nuestros espíritus. Este no es el caso. El mundo espiritual es un lugar de espera para el juicio final, un lugar donde todavía hay aprendizaje y crecimiento constantes.

Te puedes preguntar por qué necesitaríamos un lugar de espera antes de ser juzgados. Dios es un Dios justo y equitativo. Hay muchas personas en la Tierra que nunca tuvieron la oportunidad de escuchar el evangelio de Jesucristo, ser bautizado y tratar de vivir como Él vivió. Así que para que Dios sea un Dios justo y equitativo, tendrá que darles la oportunidad, en el mundo de los espíritus, de aceptar o rechazar el evangelio. El mundo espiritual hace posible que todos los seres humanos tengan la oportunidad de aceptar o rechazar a Jesucristo y Su evangelio. Se habla de ello perfectamente en 1 Pedro 04:06 donde dice: " Porque con este fin fue predicado el evangelio aun a los muertos, para que aunque sean juzgados en la carne como hombres, vivan en el espíritu conforme a la voluntad de Dios."

La prisión espiritual

Puesto que Dios es un Dios justo, Él no colocará la gente buena y la mala en la misma dimensión a la espera del juicio final. Los que van irán a prisión espiritual tomaron malas decisiones, hirieron a otros, cometieron pecados o comieron manzanas de caramelo, y no se arrepintieron mientras estaban en la Tierra. Tomaron el camino más transitado con una vida desenfrenada, deseos egoístas, se alimentaron constantemente en las manzanas de caramelo y no tuvieron ningún pensamiento o deseo de creer en Jesucristo.

Podríamos pensar en la prisión espiritual como un infierno para quienes no habrá mucha alegría. Los que están en la prisión de los espíritus se darán cuenta de que perdieron la vida haciendo lo que tenían ganas de hacer para ellos mismos, a sus cuerpos y a los demás. Los que habitan aquí son los que no pensaban que tendrían que responder de sus decisiones de hacerse daño a sí mismos y a otros, mientras estaban en la Tierra.

Esta parte del mundo de los espíritus no tendrá mucha luz. Aquellos que residan aquí emanan oscuridad. Estará lleno de gente que con arrepentimiento, vergüenza, ira y culpa. Estará lleno con todos aquellos que no se tomaron seriamente su misión y fueron derrotados por el dragón.

Aunque muchos perdieron su camino en la Tierra y no tuvieron la oportunidad de escuchar el evangelio de Cristo, el evangelio será predicado en la Prisión de los Espíritus para que todos tengan las mismas oportunidades para ser redimidos a través de Cristo. En 1 Pedro 3:19 se dice, "En el espíritu también fue y predicó a los espíritus encarcelados;"

El paraíso espiritual

Todos aquellos que estén el paraíso espiritual tomaron buenas decisiones, intentaron hacerlo lo mejor posible en su misión, se han arrepentido, se han vuelto a levantar cuando se cayeron e intentaron seguir el ejemplo de Jesucristo. Jesucristo habló del paraíso de los espíritus en Lucas 23:43, "Entonces Jesús le dijo: "En verdad te digo: hoy estarás conmigo en el paraíso."

Esta parte del mundo de los espíritus estará lleno de luz. Los que residan aquí estarán llenos de amor, alegría, perdón y compasión. Serán todos aquellos se tomaron su misión seriamente, aguantaron hasta al final, se pusieron y se quitaron las tiritas cuando las necesitaron, se acercaron a los demás para ayudarles en su búsqueda y quisieron realmente ser un príncipe o una princesa de del Reino de Dios.

El día del juicio

En el día del juicio, serás llevado delante de Dios para ser juzgado según tus obras y tus actos durante tu misión. Como se dice en Romanos 14:10, "…Porque todos compareceremos ante el tribunal de Dios". Dios buscará en tu vida para ver que montañas has subido, dónde te has arrepentido, cuántas veces has ayudado a los demás, si has ayudado a tu familia y dónde puede ser que se te aplique justicia y misericordia.

Cada uno de nosotros se presentará ante Dios y será juzgado según nuestras obras, como se indica en Mateo 16:27, "Porque el Hijo del Hombre vendrá en la gloria de su Padre con sus ángeles, y entonces pagará a cada uno conforme a sus obras." Cada uno de nosotros se presentará al lado de Jesucristo que será nuestro abogado, como se menciona en 1 Juan. 2:1, "…Y si alguien peca, tenemos Abogado para con el Padre, a Jesucristo el justo."

Jesucristo defenderá tu caso, explicando cuánto te has arrepentido e intentado hacer lo que es correcto durante tu vida mortal, o en tu misión Terrenal. Por ejemplo, digamos que de cada montaña que subiste, te caíste (cometiste un pecado), pero te sacudiste el polvo, te arrepentiste y lo intentaste de nuevo. Cuando dichos pecados aparezcan en la revisión de tu vida, Jesucristo hablará y dirá que te has arrepentido de esos pecados y que a través de la expiación, has sido perdonado. Ese pecado será, entonces, limpiado.

En Juan 3:17 se dice, "Porque Dios no envió a su Hijo al mundo para juzgar al mundo, sino para que el mundo sea salvo por Él." Jesucristo, nuestro Salvador, vino a salvar el mundo y usará la expiación para

eliminar cada pecado que hayamos cometido, mientras nos arrepintamos de ellos.

Nuestro Padre Celestial y Jesucristo sabían que no seríamos perfectos. Ellos sabían que caeríamos, que nos haríamos daño y nos herirían
gravemente en nuestra misión. Hicieron que a través de la expiación nos
podamos levantar, cerrar la brecha de la imperfección, curar cualquier
herida y empezar de nuevo.

Cada vez que aparezca un pecado durante la revisión de tu vida,
el día del juicio, Jesucristo defenderá tu caso si te arrepientes. Él
dirá, "Yo he pagado por sus pecados cuando Yo estaba en la Tierra. Él/
ella se arrepintió de esas cosas que hizo mal y Yo compensé la diferencia
entre sus imperfecciones en mi perfección. Yo lo/la he hecho perfecto/a
a través mío."

Jesucristo allanó el camino para todos nosotros para que nos salvá-
ramos y nos ganáramos nuestra recompensa eterna como príncipe o
princesa en el Reino de Dios, como se comenta en Hechos 4:12, "En
ningún otro hay salvación, porque no hay otro nombre bajo el cielo
dado a los hombres, en el cual podamos ser salvos..." Todo lo que nos
piden nuestro Padre Celestial y Jesucristo es que lo hagamos lo
mejor posible, nos arrepintamos cuando nos caigamos, ayudemos
a los que lo necesitan, intentemos seguir el ejemplo de Cristo y
regresemos a nuestro camino.

Los mundos o reinos eternos

Después de haber sido juzgado según tus obras y según cuánto te hayas
arrepentido, serás resucitado. Tu espíritu y tu cuerpo serán reunidos y
hechos a la perfección. Ni un pelo de tu cuerpo se perderá, cualquier
deformidad física será restaurada y regresarás a un cuerpo más joven.
Te darás cuenta de que, una vez te hayas reunido con tu cuerpo, te
sentirás completo y lleno de alegría.

En Fil. 3:21 leemos, "el cual transformará el cuerpo de nuestro estado de humillación en conformidad al cuerpo de Su gloria, por el ejercicio del poder que tiene aun para sujetar todas las cosas a Él mismo." Nuestro cuerpo resucitado recibirá la gloria según lo bien que lo hagamos hecho a lo largo de tu misión en la Tierra. Tu cuerpo resucitado recibirá el mismo brillo que el reino que te hayas Ganado.

Dependiendo de tus decisiones, se te colocará en uno de los tres reinos: Telestial, Terrenal o Celestial, o en las tinieblas de afuera. De estos reinos se habla en Juan 14:2-3 donde dice, "En la casa de Mi Padre hay muchas moradas; si no fuera así, se lo hubiera dicho; porque voy a preparar un lugar para ustedes." Y en 1 Cor. 15:40-41, "Hay, asimismo, cuerpos celestiales y cuerpos terrestres, pero la gloria del celestial es una, y la del terrestre es otra. 41Hay una gloria del sol, y otra gloria de la luna, y otra gloria de las estrellas; pues una estrella es distinta de otra estrella en gloria." Tal como se comenta, cada reino tiene diferentes niveles de brillo y gloria.

El reino telestial

El reino más bajo es el llamado reino telestial. Se compara con el brillo de las estrellas, como se dice en 1 Cor. 15:41, "…y otra gloria de las estrellas; pues una estrella es distinta de otra estrella en gloria." Los que serán enviados aquí son los que no querían saber nada de su misión y estaban decididos a intentar hacer que los otros fracasaran en las suyas. Comieron cada manzana de caramelo que encontraron y dejaron que el dragón, Satanás, fuera su titiritero.

Aquellos que serán enviados al reino telestial son los que mataron, los que mintieron, violaron, robaron, cometieron adulterio… Es el lugar para la gente malvada que siguió a Satanás y sus planes perjudicando a los demás y que no quisieron saber nada del Salvador o del plan del Padre Celestial.

Aquellos que residen aquí son los que aprovecharon cada oportunidad en su misión para perjudicar a otros, comer sólo manzanas de caramel, abusar de sus cuerpos y cometer cualquier otro acto que, o bien los colocó en la cima a través de planes egoístas o bien les entregaba a toda indulgencia, mientras estaban en la Tierra. Este reino será similar a la Tierra. Tendrá su belleza pero será mucho menor que la belleza de los otros reinos más altos.

Este reino tendrá menos energía, alegría, amor y unidad que los otros reinos superiores. Los que residen aquí recibirán lo que les han hecho a los demás (es decir, la oscuridad engendra oscuridad, el odio engendra odio.) Los que residen aquí no se arrepintieron y rechazaron el evangelio de Jesucristo y como resultado van a sufrir como Cristo sufrió por el mal que les hicieron a los demás ya sí mismos. Este reino no será visitado por el Espíritu Santo, ni por otro.

El reino terrenal

El reino medio se llama el reino terrenal. Será tan brillante como la luna, como se indica en 1 Cor. 15:40-41, "Y la gloria de lo terrestre es otra... la gloria de la luna..." Los que son premiados o enviados a este reino son los que se tomaron su búsqueda a la ligera. Caminaron ligeramente en carreteras con pocos baches y se pusieron tiritas cuando las necesitaban aunque no se las sacaban (no perdonaban a todos). Ellos se arrepintieron cuando lo les convino. Es un lugar para gente honorable que no intentó hacer daño a nadie, a veces, sólo a sí mismos.

Se arrepintieron de algunas cosas, pero no se arrepintieron de otras. Ellos conocían y amaban a Jesucristo pero mantuvieron sus pecados favoritos o comían sus manzanas de caramelo favoritas. Ellos no quisieron renunciar por completo a lo que era necesario para seguir a Cristo y subir cada montaña que se encontraran, porque querían que las cosas fueran fáciles.

Este reino será como el Jardín del Edén, donde los colores y la vida vegetal serán hermosos, pero mucho menos que el reino más alto. Este reino tendrá más poder, amor y alegría que el reino telestial, pero mucho menos que en el reino celestial. Los premiados con este reino serán felices y estarán contentos, pero no van estarán plenamente alegres y en paz con sus familias como aquellos que estén en el reino celestial. Este reino recibirá visitas del Salvador Jesucristo.

El reino celestial

El más alto reino se llama el reino celestial como se indica en 1 Cor. 15:40-41, "Y hay cuerpos celestiales... la gloria de los celestiales... Una es la gloria del sol..." Este reino se compara con la gloria del sol, y es dónde recibiremos todo lo que el Padre tiene, como se dice en Apocalipsis 21:07, "El que venciere heredará todas las cosas..." Aquí es donde nuestro Padre Celestial vive. Este es el reino dónde recibiremos nuestra recompensa eterna como príncipes y princesas en el Reino de Dios. Es nuestro objetivo final. Aquí, seremos recompensados con todo, porque hemos derrotado al dragón y hemos aguantado hasta el final.

Los que son recompensados en el reino celestial encontraran la verdadera paz y la alegría definitiva con sus familias y seres queridos que también lograron llegar. En el Salmos 16:11 se habla de la verdadera alegría: " Me darás a conocer la senda de la vida; En Tu presencia hay plenitud de gozo; En Tu diestra hay deleites para siempre." No sólo vas a obtener plena alegría en este reino, sino que éste será mucho más hermoso, vibrante y vivo que cualquier otro reino o humano pudiera imaginar.

El reino celestial tiene todo el poder, el amor, la paz y la creación que ningún otro reino se posee. Este reino es para los que derrotaron al dragón, ayudaron a los necesitados, fueron más allá, se pusieron y se quitaron todas las tiritas cuando fueron lastimados (perdonaron todo) y amaron por completo a Jesucristo. Porque amaban a Jesucristo, realmente creyeron en Su evangelio, recibieron todas Sus ordenanzas, le siguieron por completo, trataron de hacer Su voluntad por encima de la suya propia e hicieron todo lo que tenían que hacer para salir victoriosos al final.

Efesios 6:15, "Y calzados los pies con el apresto del evangelio de la paz;"

Estos son los que llevaron los zapatos del evangelio (es decir, la fe, el arrepentimiento, el bautismo, todas las ordenanzas) en su búsqueda para cumplir la misión con éxito. Porque ellos sabían que sin zapatos no serían capaces de subir algunas montañas o caminar sobre algunos terrenos. Usaron los zapatos del evangelio para superar todos los obstáculos y derrotar al dragón.

Los que reciben la vida eterna con nuestro Padre Celestial subieron todas las montañas que se encontraron por el camino y regresaron con honor. Y como resultado, serán coronados como herederos del Reino de Dios, como se establece en 2 Tim. 4:08, "En el futuro me está reservada la corona de justicia que el Señor, el Juez justo, me entregará en aquel día; y no sólo a mí, sino también a todos los que aman Su venida". Estos son a los que se les dijo al final: "Bien hecho siervo bueno y fiel hijo o hija, recibe tu recompensa."

Las tinieblas de afuera

Además de los tres reinos, también existe un lugar que se llama las tinieblas de afuera, como se indica en Mateo 08:12: "Pero los hijos del reino serán echados a las tinieblas de afuera: allí será el llanto y el crujir de dientes." Aquí es donde Satanás y sus seguidores residirán.

Aquellos humanos que sean desterrados las tinieblas de afuera son los que recibieron un testigo de Jesucristo, recibieron Su evangelio, supieron que era cierto por el testimonio del Espíritu Santo, y luego lo negaron (Satanás y sus seguidores en la preexistencia y los como Judas Iscariote, que era uno de los apóstoles de Jesús, el que le traicionó).

Por ejemplo, los que residen aquí habrán recibido un testimonio de que la búsqueda es real, que Jesucristo es el Salvador y Redentor del mundo, tenían toda la armadura de Dios, habían recibido todas las ordenanzas del evangelio, y luego lo negaron, se unieron a los equipos con Satanás y se rebelaron totalmente contra Dios. No muchos los seres Terrestres irán a este reino, ya que deben haber tenido un testimonio personal del Espíritu Santo de Jesucristo, el Salvador del mundo, y luego se rebelarse en contra de Cristo y llevar a otros por caminos oscuros.

Los seres humanos que son desterrados a las tinieblas de afuera son básicamente los que han vendido su alma a Satanás y ayudado a Satanás a intentar destruir a otros en su búsqueda engañándolos y llevándolos lejos de Jesucristo y de su evangelio. Este reino está repleto de tinieblas porque no contiene ninguna alegría, amor, compasión, o cualquier otra buena cualidad y es conocido como el Infierno. El infierno es un lugar lleno de fuegos inextinguibles, de llantos y del crujir de los dientes y de desesperación total y absoluta.

La Decisión es Tuya

A pesar de que tu misión puede ser difícil debido al duro terreno (libre albedrío), a las montañas escarpadas (disfunción familiar), a las furiosas aguas (violencia), a las heridas profundas (falta de perdón) y a las carreras de obstáculos a veces imposibles (adicción), Dios no nos ha dejado solos. Él nos dio todo lo que necesitábamos aquí en la Tierra con el fin de lograr completar nuestra misión y llegar a ser herederos de su Reino. Si no puedes lograrlo, pregúntate ¿por qué? ¿Has utilizado todas las herramientas que Dios te ha dado? ¿Crees en Dios? ¿Crees en ti mismo? Si puedes responder sí a estas tres preguntas, entonces eres lo suficientemente fuerte como para completar esta misión victoriosamente.

Sólo tienes una oportunidad en misión en la tierra. A los que no oyeron hablar del evangelio de Jesucristo o de la armadura de Dios, se les dará la oportunidad en el mundo de los espíritus, pero seguirán siendo juzgados según la forma en que trataban a sus cuerpos, a ellos mismos y a los demás. Recuerda, a todo el mundo se le dio la luz de Cristo para diferenciar entre el bien y el mal.

Eres un hijo de Dios y eres de sangre real. Has sido enviado a la Tierra, nombrado caballero con un cuerpo, para ser probado con el fin de ver si eres digno de ser un heredero de Su reino.

Lo que hagas aquí en la Tierra determinará
dónde vivirás para la eternidad

¿Estás listo para tu misión Terrenal como príncipe o princesa del Rey Celestial para derrotar al dragón en tu vida, que tratará de quemar a tu futuro? La elección es tuya, la de abrir los ojos y ver por qué estás aquí y de lo que eres capaz. Dios nos ha dado la armadura de Dios, incluso, la espada del Espíritu, para derrotar al dragón de mentiras y ganar la batalla de la vida. Pregúntate a ti mismo: ¿Vas terminar como conquistador y victorioso al final?

ARMADURA DE DIOS

Salvación

Justicia

Fe

Dios no existe

Satanás no es real

Los mandamientos están pasados de moda

CUIDADO CON LOS ARDIENTES DARDOS DE MENTIRAS DE SATANÁS

EFESIOS 6.16

"SOBRE TODO, TOMEN EL ESCUDO DE LA FE CON EL QUE PODRÁN APAGAR TODOS LOS DARDOS ENCENDIDOS DEL MALIGNO."

Tu búsqueda final

Tu última y más importante misión es preguntarte: ¿Es la información que yo te he compartido cierta? Tu trabajo consiste en descubrir, a través de la oración, si esto de lo que he hablado es cierto. Pregúntale a nuestro Padre Celestial, si estás en este mundo para ser probado, y si el mundo espiritual y los reinos son reales. Cuando obtengas la respuesta que esta búsqueda es real, que la vida tiene un propósito y que somos lo suficientemente fuertes, espero que te vuelvas más decidido a descubrir el evangelio de Jesucristo, vivir dentro de sus enseñanzas, ponerte la armadura de Dios y una vez más, convertirte en guerrero de la luz y de la verdad para que puedas ser lo suficientemente fuerte como para derrotar al dragón de todas las mentiras y volver a casa como un verdadero y probado príncipe o princesa en el Reino de Dios.

Esta búsqueda no es más que un pequeño momento en el tiempo.

Tuviste éxito una vez. Puedes tener éxito otra vez.

La Búsqueda definitiva

Reino Terrenal

Tinieblas de afuera

Reino Celestial

Reino Celestial

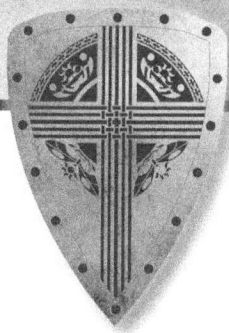

- Comienza la prueba verdadera-

Tu verdadera búsqueda comienza cuando empieces a aplicar los principios que se enseñan en este libro. Para vencer finalmente a Satanás, el dragón, hay que partir de la creencia de que somos de nacimiento real. Una vez que nos creamos que tenemos el potencial de ser un príncipe o princesa en el Reino de Dios, esa creencia puede alimentar todas nuestras otras creencias, los esfuerzos, las acciones y en última instancia, lograr la transformación. La transformación de un ser humano ordinario a un guerrero enviado en una misión para derrotar al dragón, superar los obstáculos y demostrar que somos dignos como herederos del Reino de Dios.

Hay poder dentro de cada uno de nosotros para cambiar o para continuar y ganar la lucha. También hay poder en compartir tus experiencias con los demás para motivar, inspirar, elevar y llevar esperanza a los que no creen que puedan derrotar al dragón. Por lo tanto, me gustaría extender una invitación a todos los que les gustaría compartir cómo han vencido al dragón en su propia vida, superado los obstáculos, aprendido de las pruebas y de los desafíos y, o tal vez, cómo han visto que un mundo nuevo se les ha abierto al abrazar estas verdades de las que se habla en Eres lo suficientemente fuerte.

Si te gustaría compartir, por favor, visita:

http://www.kassipontious.com/quest-results.html

Recibiré y publicaré todas las experiencias que compartan, para que podamos reforzarnos los unos a otros y ayudar a los demás a que se den cuenta de que nuestro enemigo es el dragón y no nosotros mismos.

Me gustaría empezar por compartir una canción de Jason Mraz. Esta canción se puede encontrar en mi sitio web: www.kassipontious.com, bajo música y la letra se encuentra debajo, con adiciones propias para enfatizar, en cursiva y entre paréntesis. Si te imaginas a nuestro Padre Celestial y Jesucristo cantar esta canción, puede ser una herramienta muy poderosa cuando te sientas desanimado.

Cuando te miro a los ojos *(la naturaleza divina)*
Es como ver el cielo nocturno
O un hermoso amanecer *(tu eres especial)*
Bueno, hay tantas cosas en ellos *(el poder)*
Y al igual que las estrellas viejas *(familiares pasados)*
Veo lo que has vivido hasta ahora *(crecimiento)*
Para estar justo donde te encuentras *(tu camino)*
¿Cuántos años tiene tu alma? *(preexistencia)*

Bueno, no voy a renunciar a nosotros *(tú y el Salvador)*
Incluso si los cielos se ponen difíciles *(pruebas y desafíos)*
Te voy a dar todo mi amor *(expiación)*
Sigo mirando hacia arriba *(hacia tu potencial)*

Y cuando necesites tu espacio *(para tomar tus propias decisiones)*
Para hacerte camino *(para decidir quién eres)*
Voy a estar aquí esperando pacientemente
Para ver lo que encuentras *(tu elección – el libre albedrío)*

Porque incluso las estrellas se queman
Algunas incluso se caen a la tierra *(cometer errores)*
Tenemos mucho que aprender *(prueba en la tierra)*
Dios sabe que lo valemos *(la naturaleza divina)*

No, no voy a renunciar *(nunca es demasiado tarde para cambiar)*
Yo no quiero ser alguien que se rinde tan fácilmente
Estoy *(El Salvador)* aquí para quedarme y marcar la diferencia que puedo marcar *(expiación)*
Nuestras diferencias nos enseñan cómo usar
Las herramientas y los dones *(de Dios)* que nos dieron, sí, tenemos mucho en juego
(esta vida es una prueba)
Y al final, sigues siendo mi amigo *(tú y el Salvador)*, al menos, lo intentamos
Para trabajar no nos rompimos, no nos quemamos *(somos lo suficientemente fuertes)*
Tuvimos que aprender a doblarnos *(cambiar)* sin que se desplomara el mundo *(renunciar a ti mismo)*
Tuvimos que aprender lo que tenemos *(fortalezas)*, y lo que no somos *(no dignos)*, y lo que soy *(hijo de un rey)*

No voy a dar por vencido con nosotros
Incluso si los cielos se ponen difíciles (cometes errores)
Te voy a dar todo mi amor (la expiación)
Sigo mirando hacia arriba, sigo mirando hacia arriba (hacia tu potencial)

Bueno, no voy a renunciar (No, no estoy) a nosotros (Renunciando)
Dios sabe que soy fuerte (soy fuerte), Él sabe (yo soy amado)
Tenemos mucho (Estamos vivos) para aprender (Somos amados)
Dios sabe que lo valemos (Y somos dignos)

No voy a renunciar a nosotros *(tú y el Salvador)*
Incluso si los cielos se ponen difíciles *(cometes errores)*
Te voy a dar todo mi amor *(expiación)*
Sigo mirando hacia arriba *(hacia tu potencial)*

JASON MRAZ – LETRA DE "NO VOY A RENUNCIAR"

Todo el mundo puede lograr regresar a casa con nuestro Padre Celestial como herederos de Su Reino, si ponemos nuestro mejor esfuerzo y utilizamos todas las herramientas que Dios nos ha dado. Si deseas obtener más información acerca de mis creencias visita www. kassipontious.com

Cada uno de nosotros somos lo suficientemente
fuertes para nuestra vida aquí en la Tierra.

Tuviste éxito una vez. Puedes tener éxito otra vez.

Si te ha gustado este libro, por favor considera publicar un comentario en Amazon. Leo todos los comentarios y aprecio mucho vuestras opiniones y comentarios.

Contacta con Kassi L. Pontious

Página web: http://www.kassipontious.com/

Facebook: https://www.facebook.com/AuthorKassiLPontious

Twitter: https://twitter.com/KassiPontious

También de Kassi L. Pontious

Eres lo Suficientemente Poderoso - próximamente

Eres lo Suficientemente Valiente – próximamente

www.ingramcontent.com/pod-product-compliance
Lightning Source LLC
LaVergne TN
LVHW051118080426
835510LV00018B/2105